Merve Verlag

François Jullien

Der Umweg über China

Ein Ortswechsel des Denkens

Aus dem Französischen von Mira Köller

Merve Verlag Berlin

Der Text von Jean-François Lyotard wurde von Marianne Karbe übersetzt.

Die Deutsche Bibliothek - CIP-Einheitsaufnahme
Jullien, François:
Der Umweg über China : ein Ortswechsel des Denkens / François Jullien. Aus dem Franz. Mira Köller. - Berlin : Merve-Verl., 2002
(Internationaler Merve-Diskurs ; 244)
ISBN 3-88396-177-9

Postfach 150 927 10671 Berlin
Printed in Germany
Druck- und Bindearbeiten: Dressler, Berlin
Umschlagentwurf: Jochen Stankowski. Dresden
ISBN 3-88396-177-9
www.merve.de

Inhalt

7 Ein Denken in der Quere
Jean-François Lyotard

15 Foucault und die chinesische „Heterotopie"
Gespräch mit Thierry Marchaisse

41 Ein philosophischer Gebrauch Chinas
Gespräch mit der Zeitschrift Débat

83 Für ein erweitertes Denken
Interview mit Jean Yves Jouannais und Laurent Quintreau

96 Ein Ortswechsel des Denkens: der Umweg über China
Interview mit François Ewald und Emmanuel Oppenheim

116 Gespräche mit Thierry Marchaisse
„Asien ruft ein wachsendes Interesse hervor"

130 Die lehrreiche und merkwürdige Geschichte einer
französisch-chinesischen Großbaustelle

144 Ausblick

171 Von außerhalb denken
Oder wie man zu den vorentscheidungen der
europäischen Vernunft zurückgeht

Statt einer Einleitung
Ein Denken in der Quere
Jean-François Lyotard

Mit seiner Abhandlung „Über die Wirksamkeit" (Berlin 1999) setzt der Philosoph und Sinologe François Jullien seine langen *Umwege* fort, auf denen er jene ungewissen Gefilde durchquert, denen seine Vorliebe gilt. In den letzten 10 Jahren hat er die Neigung und die Fadheit erkundet, die Immanenz, den Umweg und den Zugang; und er hat sich bei Menzius aufgehalten, um dessen Moral mit dem Denken der Aufklärung zu vergleichen. Wer ist dieser Reisende, dem sich so viele und so unbekannte Gegenden erschließen? Ein Philosoph oder ein Chinese? Vielleicht eine Amphibie.

Sein Strategietraktat bietet ihm nicht nur erneut die Gelegenheit, die eigentümlichen Züge des chinesischen und des europäischen Begriffs der Wirksamkeit herauszuarbeiten und ihn in die Sammlung seiner Funde einzureihen. Vielmehr kann er mit dieser Untersuchung der Wirksamkeit auch die Vorgehensweise offenlegen, die bereits seine früheren Forschungen leitete. Dennoch sollte man nicht einen *Discours de la méthode* erwarten. Denn hier versucht ein Krebs, die Vorteile seiner verqueren Fortbewegungsart zu erklären. Angesichts des Krebsgangs werden manche die Geduld verlieren: der Gelehrte, der glaubt, Wirksamkeit beruhe allein auf dem Denken mit klaren Verknüpfungen und rechter Urteilskraft, ebenso wie der Stratege, der sich vor einer Niederlage sicher wähnt, wenn er die Kräfteverhältnisse in der entscheidenden Schlacht optimert. Doch der Krebs behält seine Gangart bei und fordert uns auf, noch ein wenig weiter mit ihm durch jenes Niemandsland zwischen chinesischer Weisheit und europäischer Theoriebildung zu krabbeln und uns mit Wirkungen zu beschäftigen ... Wozu eigentlich? fragen wir uns. Will er dem Abendland schon wieder eine strategische Lehre erteilen, die chinesischen Klassikern entliehen ist?

Aber nein, wäre Jullien doch bereits zufrieden, wenn er ein wenig den „Keil lockern“ könnte, der unsere Vorstellung von Wirksamkeit blockiert, um so Bewegung in den schweren Apparat zu bringen, der den westlichen Begriff der Wirksamkeit durch Zwecke und Mittel, Subjektives und Objektives, freien Willen und Passivität festlegt. Wie jedoch hofft er diese Verschiebung zu erzielen? – Indem er sich dem Symptom von der Seite nähert, anstatt nach seinem Wesen zu fragen und es zu bestimmen. Die Effizienz eines Krebses beruht schließlich nicht auf der Kraft, mit der seine Scheren etwas zermalmen können, sondern auf seiner schrägen, stochastischen Fortbewegungart. Um die Effizienz zu denken, besitzen die Chinesen möglicherweise noch „andere Quellen des Verstehens“: Warum sollte man sie also nicht nutzen? – Dies ist auch „eine Frage der Bequemlichkeit“, wie Jullien subtil bemerkt, oder eben der Wirksamkeit.

Wie ein chinesischer Feldherr „projiziert und konstruiert“ Jullien hier „nichts. Auch ‚überlegt‘ er nicht und hat nichts ‚auszuwählen‘ (unter Mitteln, die gleichermaßen möglich wären). Das setzt voraus, daß es für ihn nicht einmal ein ‚Ziel‘ gibt, das auf Distanz und nach einem idealen Modus gesetzt wäre.“ Es gibt kein Ideal, kein zu erreichendes Ziel, das den Willen leitet und ihm womöglich Mittel nahelegt, die geeignet wären, die gegenwärtige Situation entsprechend zu verändern - eine solche westliche Vorstellung von Leistung ist den chinesischen Klassikern des Krieges, der Politik, der Diplomatie und natürlich der Kunst des Denkens offenbar unbekannt.

Die Abhandlungen zeigen uns einen Weisen, einen Hofmann und einen Feldherren, deren ganze Kunst eher darin liegt, „eine Situation jeweils so zu nutzen, wie sie sich gerade entwickelt." Diesen praktischen Empirismus, den wir für kurzsichtig halten, bezeichnet Laotse als „Handeln-Nichthandeln". Während der westliche Mensch einer Situation stets die Stirn bieten und sie verkleinern muß, um sie verändern zu können, begleitet der Chinese die Situation, er verbindet sich mit ihr und steht dem bei, was darin auf natürliche Weise auftaucht. Ersterer sucht die Mittel durch den Zweck und diesen durch einen letzten Grund zu rechtfertigen; letzterem ist diese Sorge um Begründung völlig fremd, denn sein Geheimnis der Effizienz liegt im „Ausnutzen" der Situation: in ihr liegt alles beschlossen, es gilt nur daraus zu schöpfen. Sie ist ein Fundus, mit dem Bauern und Händler, die der Nutzen eher interessiert als der Grund*, besser umgehen können als beispielsweise Architekten.

Für Jullien halten wir Europäer die reine Theorie in einem so weiten Abstand von der Praxis, daß beide sich nie beeinflussen könnten, würde nicht heimlich etwas nachgeholfen: dann sollen das Talent, die virtú, die Umsicht, der Zufall, der rechte Augenblick oder die Kühnheit all jener „Ich-weiß-nicht was" das Denken wieder mit der Situation in Kontakt bringen, gerade weil die Theorie dies alles nicht begründen konnte. Eine befremdliche Wirksamkeit, die das Denken nur um den Preis erreicht, „von einem Draußen flüchtig gestreift" und vom Schwindel seiner Wir-

* im Original deutsch (A.d.Ü.)

kungslosigkeit erfaßt zu werden. Das chinesische Denken hingegen „hat sich nie wirklich eine Außenwelt vorgestellt (...); insofern bleibt ihm die Extase dieser Begegnung fremd." In China ist der Andere, sei es Partner oder Gegner, ebenso wie der Handelnde ein Element der Situation, ein Aspekt der in ihr schlummernden potentiellen Effizienz.

Für einen Chinesen ist es klar, daß die Situation zu etwas neigt, daß er selbst darin verwickelt ist, und daß sie dabei ihre Ergebnisse zeitigt. Genau in diesem Zeitigen besteht die Situation. So ist jede mögliche Wirkung jener immanenten Entfaltung geschuldet: als Wirkung ohne Ursache, gewollt oder nicht, ist sie nur Moment einer permanenten Effizienz. Jullien schlägt vor, ihn „Effekt" zu nennen, um ihn von der Ursachen-Doktrin abzugrenzen. Dazu führt er den guten alten Menzius an: „Alles Hacken und Jäten ist vergebens, wenn ihr nicht den Augenblick der Reife abwarten könnt." Die Pflanze wächst nach oben, das Wasser fließt abwärts, die Dinge folgen ihrem Lauf. Wirksam werdet ihr nur, wenn ihr euch mit diesem Lauf und seinem Rhythmus verbindet, bevor er sich verfestigt, noch bevor er das Stadium der Reife erreicht hat. Oben an der Quelle hat das Wasser noch nicht die Form angenommen, die die Landschaft seinem Lauf später aufzwingen wird. Und das Wasser, das sich unten staut, hat mehr ruhendes Potential, als nur durch sein Flußbett zu strömen. Wirksamkeit beginnt, wenn wir uns mit der Situation dort verbinden, wo sie die meisten Möglichkeiten offenhält. Wartet nicht, bis der Feind sich hinter Barrikaden verschanzt hat, um ihn anzugreifen; greift ihn lieber schon im Hinterland an, solange er sich noch nicht formiert hat. Nichts widerspricht mehr der Effizienz als eine Strategie der Belagerung oder der geordneten Feldschlacht.

Ebenso verwendet der Hofmann seine Kunst darauf, sich das Unklare und Unschlüssige zunutze zu machen, was im Kopf des Fürsten vorgeht, ohne je offen die Entscheidungen anzuzweifeln, die dieser gefällt zu haben glaubt. Nicht anders verhält sich der Denker zu dem, was er zu denken, und der Schauspieler zu dem, was er zu spielen sucht. Man umkreist die Sache und versucht, in den Hintergrund zu treten, damit sie auftauchen kann. Die höchste Blüte der Interpretation ist ihr Verblühen („shioretaru"), schrieb Seami, der Erfinder des Nô-Theaters.

In all dem liegt keine Mystik, so Jullien. Wie ein Kochbuch werden die Schriften des Laotse geschätzt wegen seiner Kunst, Wirkungen zu beschreiben. Eine Wirkung entfaltet sich vollkommen, so lesen wir, wenn sie eintritt, und die Leere ist das, was ihr einzutreten hilft – das ist alles. Der Pinsel trifft die Vollkommenheit des Fruchtfleisches, das er darstellt, erst dann, wenn sein feiner Strich die Fülle der Frucht nicht mehr umkreist. Die Fülle bedarf der Leere, um einzutreten. Indem sich das Denken mit der Situation verbindet, wenn sie den geringsten Widerstand bietet, verschmilzt es mit einer noch nicht wahrnehmbaren Konstellation, verschwindet darin und nutzt lautlos ihr Wirkungspotential. In der chinesischen Welt dürfen wir also verschiedene „Ebenen des Auftauchens von Wirklichem" unterscheiden: konkrete oder vollendete, die „Erde" oder „Grundlinie" ist, und die diskrete des „Himmels", den endlosen Lauf, der die Dinge vom Latenten zum Aktuellen übergehen läßt: den „Weg". Der Weg ist vollkommen, wenn er aufwärts und abwärts führt, wenn er alles Offene und alles Geschlossene hat, das Diskrete und das Konkrete, das Yin und das Yang: dann heißt es „das Natürliche". Die chinesische Metaphysik hat offensichtlich nicht die Absicht, eine Ontologie zu entwerfen. Unter einer raffinierten Oberfläche, die sich ständig verändert, versucht sie vielmehr, Rezepte der Wirksamkeit zu sammeln und einzuteilen. Hier reiht das Denken alles in eine Strategie ein: alles, was ist, alles, was kommt, in allen Situationen. Es fragt nicht danach, warum die Dinge sind, wie sie sind; es rankt sich um ihre Seinsweise und umhüllt sich mit ihr, damit sie sich voll entfalten kann. Nicht Hüter des Seins, sondern Gärtner des Seienden.

Die kleinste, doch unendliche und unaufhörliche Freude, die man verspürt, wenn man der Effizienz des Weges einen Dienst erweist, wenn man wiederholt, wie leicht es ist, dem Übergang zum Übergehen zu verhelfen, was auch immer geschehen mag – François Jullien versteht es vorzüglich, seine Leser im Jungbrunnen solcher Tautologien baden zu lassen. Hie und da freilich wird er ungeduldig, auf den letzten Seiten begehrt er auf: am Ende haben wir all eure Gewißheiten und Bestätigungen satt, hält er den scharfsinnigen Feldherrn entgegen, wir wollen Leidenschaften, die reine Verausgabung um ihrer selbst willen, den echten Anderen, der nicht bloß wieder zu einem janusköpfigen Gegner-Partner zurechtgestutzt wird! Wir wollen gar nicht gewinnen, wir pfeifen auf die Wirksamkeit! Schon gut, schon gut, hören wir dann wieder Jullien, den Weisen, den anderen Jullien, den Verrückten, beschwichtigen: in diesem Falle müsse eben „der Essay noch einmal umgekehrt geschrieben werden", um zu einer Apologie der Gegen-Wirkung zu werden, einer Apologie der Intoleranz gegenüber dem Wirklichen, zu einem regelrechten Lob des Widerstands. Was, eine Pirouette zum Abschluß? Ja und nein. Der Philosoph-und-Sinologe (oder umgekehrt) verfügt über so viel Wissen, das er uns weitergeben, und über so viel Talent, das er verausgaben kann; es macht ihm ungeheuren Spaß, uns zu überraschen, er besitzt die ängstliche und durchdringende Intelligenz der Amphibologen ... Deshalb traue ich es ihm durchaus zu, schon morgen die Gegen-Abhandlung hinzulegen, nach der seine Abhandlung der Wirksamkeit verlangt.

Gespräche mit Thierry Marchaisse
Foucault und die chinesische „Heterotopie“

Thierry Marchaisse: Als China-Reisender hatten Sie Vorgänger. Es hat so viele Reisen in den Orient gegeben, die die philosophische Auseinandersetzung suchten. Die letzte Reise dieser Art war vielleicht die von Foucault und sein Gespräch mit einem buddhistischen Mönch.

François Jullien: Wir hätten mit der *Ordnung der Dinge* anfangen können, und sogar mit dem Vorwort, in dem Foucault im Gegensatz zur „Utopie“ den in meinen Augen entscheidenden Begriff der *Heterotopie* konzipiert. „Heterotopie“: der „Ort“, der „anders“ ist. Foucault hat sogar die geniale Intuition, ihn auf China anzuwenden; und dieser Text ist für mich – rückblickend – als ich schon unterwegs war, ein deutlicher Orientierungspunkt gewesen, und wird es auch bleiben. Sei es auch nur, weil er ermöglicht, einige scheinbare Paradoxe aufzulösen. Denn wenn die Frage nicht so sehr ist, ob China „an sich“ interessant ist oder nicht, so deshalb weil seine Heterotopie es auf jeden Fall als Arbeitsinstrument und Instrument für die philosophische Neugestaltung „für uns“ interessant macht. Allerdings war zur Zeit der *Ordnung der Dinge*, das heißt Mitte der 60er Jahre, Foucaults China höchstens das – fiktive – eines Borges. Während Foucault in dem kurzen, von Ihnen erwähnten Gespräch in *Dits et écrits* selbst in den Orient fährt, oder besser gesagt, aus dem Orient zurückkommt.[1] Er begibt sich selbst auf die Reise.

Gespräch mit einem buddhistischen Mönch

Es handelt sich um ein Gespräch, das 1978 in Japan in einem Zen-Tempel stattfand; es ist in gewissem Sinn ein Echo auf das berühmte Gespräch, das Heidegger mit einem Japaner geführt – oder genauer gesagt: konzipiert – hat. Das gibt nun einen anderen, diesmal positiven Einstieg in unsere eigenen Gespräche.

Dieses Gespräch Foucaults enthält wirklich *alle* entscheidenden Momente; nicht nur die Auseinandersetzung, mag sie auch noch so flüchtig sein, mit einem Denken von außen, sondern gleichzeitig die Orte des Verständnisses und die Orte des Unverständnisses, die Orte der Mühelosigkeit und die Orte der Schwierigkeit. Über sie eröffnet sich etwas wie eine neue Arbeitsmöglichkeit – natürlich zukünftig, für andere. Denn 1978 war Foucaults Werk bereits in seinen wesentlichen Zügen abgeschlossen, auch wenn es nicht vollendet war, es behauptet sich durch seine Kohärenz.

Man kann sich die Szene vorstellen... Der Zen-Tempel, der „große Philosoph" kommt als „Star" zu Besuch und übt die Meditationstechniken, diskutiert im Buddhasitz wie seine Gesprächspartner – und sieht auch sonst mit seinem kahl rasierten Schädel ganz wie ein buddhistischer Mönch aus!

1 Michel Foucault, *Dits et écrits*, Bd. III (1976-1979), Paris, Gallimard, 1994, S. 618-624.

Der Text beginnt mit ein paar Bemerkungen Foucaults, in denen er sein Interesse für die buddhistische Philosophie und besonders für die Praxis des Zen bekundet. Dann betont er das Gefühl von Fremdheit und Unvertrautheit, das er vor allem bei seiner ersten Japanreise empfand: „Was die Erinnerungen an meine ersten Japanaufenthalt angeht", sagt er, „habe ich eher ein Gefühl des Bedauerns, nichts gesehen und nichts verstanden zu haben. Das bedeutet aber überhaupt nicht, dass man mir nichts gezeigt hätte. Aber während und auch nachdem ich durch das Land reiste, um möglichst viel beobachten zu können, fühlte ich, dass ich nichts begriffen hatte." Man sieht, wie die Unmöglichkeit, Japan zu „fassen", es in *Übereinstimmung* mit dem Bekannten zu bringen, Foucault neugierig macht und beunruhigt; umso mehr, als dies für ihn etwas Paradoxes hat. Denn er fügt sofort hinzu: „Vom Standpunkt der Technologie, der Lebensweise, der äußeren Erscheinung der Gesellschaftsstruktur aus gesehen, ist Japan ein der westlichen Welt äußerst ähnliches Land."

Kurz gesagt, Japan ist umso ferner, als es nah ist...

Es ist auch merkwürdig, dass Foucault hier – und das ganze Gespräch hindurch – die großen Gegensätze und die üblichen großen Blöcke ins Spiel bringt: Welt-Denken, westlich-östlich usw. Sie werden nachher selbst sehen, wie Foucault explizit den Begriff der „Tradition" benutzt und ihn auf die christliche Mystik anwendet. Nun ist das eine Art von „allumfassender" Äußerung, deren Naivität aus dem Munde des Autors der *Archäologie des Wissens* doch überrascht. Denn wenn es in diesem Buch einen Begriff gibt, an dem er rüttelt, den er erschüttert und den er zerschlagen will, dann ist es der Traditionsbegriff. Aber Foucault ist eben nicht mehr in Europa! Er ist nicht einmal mehr an einer Universität, er ist in Japan, in einem Tempel, und das reicht, damit zum Beispiel der Begriff des „westlichen Denkens" plötzlich wieder relevant wird...

Über den „anderen Globus" von Leibniz: die Szene der Landung

Ich zitiere: „Und gleichzeitig scheinen mir die Einwohner dieses Landes, verglichen mit denen aller anderen Länder auf der Welt, in jeder Hinsicht sehr viel geheimnisvoller." Diese Übertreibung ist schon fast rührend: „in jeder Hinsicht", „aller anderen Länder auf der Welt" – zum Teufel, was weiß er denn davon? Foucault spricht wie ein Reisender aus früherer Zeit, als ob er gerade „irgendwo" gelandet wäre, in einem unbekannten Land, das auf keiner Landkarte verzeichnet ist...

Dabei fällt besonders die Verlegenheit auf, die Foucault zu empfinden scheint, wenn er die Art von Fremdheit und Unvertrautheit ausdrücken soll, die Japan in ihm hervorruft. Er fasst zusammen : „Mich hat die Mischung von Nähe und Ferne beeindruckt. Und so konnte ich keinen klaren Eindruck gewinnen". Anders gesagt, seine erste Japanreise war für ihn Anlass zu einer einzigartigen und paradoxen Erfahrung, denn er hat dort *gleichzeitig* die Erfahrung von etwas gemacht und die Unmöglichkeit erlebt, die fragliche Erfahrung zu begreifen, jedenfalls zu denken. Man sieht das an dem viel zu leichtfertigen Gebrauch des „ganz anders", auf das zu schnell zurückgegriffen wird, um die verschwommenen Eindrücke zu kontrollieren, und das uns auf den berühmten Satz von Leibniz zurückbringt, der China mit einem „anderen Globus“ vergleicht.

Darauf müssen wir zurückkommen, denn dieser Ausdruck klebt *regelrecht an den Bedingungen des Diskurses über den Fernen Osten. Niemand kann ihm entkommen.*

Sie sagten „Mentalität“?

Und auch Foucault nicht, der hier nach so vielen anderen, nach den ersten Missionaren, dieselbe Szene der Landung auf Leibniz' „anderem Globus“ wiederholt. Foucaults Schwierigkeiten und seine Verlegenheit scheinen schon in den ersten Worten des Gesprächs durch, wenn er versucht, sich auf den Begriff der „Mentalität“ zu stützen – ein Begriff, dessen Grundlage ich ablehne, und den meine Arbeit auszuschalten sucht. „Ich denke“, sagt uns Foucault, „dass mit der Praxis und der Ausbildung im Zen-Tempel eine von unserer Mentalität ganz verschiedene Mentalität entsteht.“

Es ist umso merkwürdiger, dass Foucault einen so aus der Mode gekommenen und vor allem, wie man früher gesagt hätte, so „konnotierten“ Begriff benutzt, als niemand besser als er wissen müsste, dass der Begriff der Mentalität ein reines Produkt des 19. Jahrhunderts ist, und dass er dessen schlimmste Aspekte befördert: Ethnozentrismus, Kolonialismus, Rassismus… In Auf der Suche nach der verlorenen Zeit *gibt es unter all den der Dreyfus-Affäre gewidmeten Seiten eine Seite, die ganz um den*

Ausdruck „Mentalität" kreist: Der Herzog von Guermantes ist entzückt, als er dieses damals ganz neue Wort entdeckt, und feststellt, wie chic und passend es ist, um diese ansteckende Krankheit zu bezeichnen, die er die jüdische „Denkweise" nennt...[2]

Die „Mystik": eine fragwürdige Brücke

Selbst der von Foucault gebrauchte Ausdruck „ganz anders", das bei weitem nicht derart semantisch belastet ist, muss meiner Meinung nach mit Vorsicht gebraucht werden. Denn kommt hierbei nicht eher eine „In-differenz" ins Spiel? Die Tatsache, dass man „dem da" nicht begegnen kann. Im Vergleich zu dieser *Indifferenz*, der zwischen zwei Denktraditionen, die so lange Zeit nichts voneinander wussten, ist selbst die *totale* Differenz ein unendlich weniger radikaler Begriff als es den Anschein hat: Denn dieses „ganz anders" impliziert noch den Rahmen des Selben und des Anderen, und damit gemeinsame Kategorien, um es zu erkennen. Das beweist die Tatsache, dass die Kategorie, die anschließend im Gespräch benutzt wird, die Kategorie der „Mystik" ist. Wenn es nun aber zwischen Japan und Europa eine so breite Brücke wie die Mystik geben kann, so ist das der Beweis dafür, dass dieses *„Andere"* gar nicht so „ganz" anders ist.

Der Begriff der Mystik wird von einem der namenlosen Gesprächspartner Foucaults ins Gespräch gebracht: „Man hat mir gesagt, dass Sie sich für die Mystik interessieren [...] Was den-

2 Marcel Proust, *Auf der Suche nach der verlorenen Zeit*, Frankfurt a.M. („Die Welt der Guermantes").

ken Sie über die Beziehung zwischen Zen und Mystik?“ Foucault antwortet: „Ich denke, dass Zen ganz anders ist als die christliche Mystik. Und ich denke, dass Zen eine Mystik ist.“ Auch hier ist das Auffälligste Foucaults Verlegenheit, sie kommt sogar deutlich zum Ausdruck. Denn wie kann er gleichzeitig diese beiden Positionen vertreten? Was ist das für ein „ganz Anderes“, das dennoch in dieselbe Kategorie fällt? Man sieht, wo das Problem liegt: Foucault sieht nicht, wie er auf die Kategorie der Mystik verzichten könnte – und greift sie folglich als eine Art von notwendigem Einstieg in das Zen auf – aber *gleichzeitig* tut er sein möglichstes, um ihr zu entkommen.

Hier berühren wir einen ganz bestimmten Punkt, nämlich die notwendige Arbeit eine Neukategorisierung, von der Sie vorhin sprachen.

Zwar leistet Foucault diese Arbeit nicht, aber alles was er ahnt, formuliert – oder an dessen Formulierung er scheitert – macht sie dennoch erforderlich. „Allerdings“, fährt er fort, „kenne ich Zen nicht gut genug, um diese Überzeugung zu verteidigen. Man könnte jedenfalls sagen, dass es fast keine Gemeinsamkeit mit der christlichen Mystik gibt, deren Tradition bis zum heiligen Bernhard, zur heiligen Therese von Avila, zum heiligen Johannes vom Kreuz zurückreicht.“

Ah! Dieses „fast“ von Foucault, der zur akademischen Vorsicht verurteilt ist und hier einmal nicht alle Konsequenzen seines Denkens ziehen kann!

Natürlich geht Foucault blitzschnell darüber hinweg und hütet sich, genauer zu erklären, aufgrund welcher Gemeinsamkeit Zen trotzdem als eine Mystik angesehen werden könnte. Er riskiert dies umso weniger, als er mit seinen folgenden Äußerungen den Unterschied noch vergrößert: „Das ist etwas ganz anderes. Wenn ich „die Mystik“ sage, gebrauche ich den Ausdruck im christlichen Sinn.“ Aber auch wenn Foucault sich noch so sehr windet und verbessert, er ist in die Falle geraten. Denn was ist der andere Sinn des Ausdrucks „Mystik“? Worin besteht diese japanische oder nicht christliche Mystik, die er hier implizit im Auge hat? Man wird es nicht erfahren.

Es bereitet Ihnen offensichtlich Vergnügen, ihn so in die Enge zu treiben.

Ein echter Ort der Spaltung...

Im Verlauf des Textes findet Foucault dann doch noch seine Bezugspunkte wieder und es gelingt ihm, den Weg frei zu machen. Er arbeitet deutlich einen echten Ort der Spaltung heraus, nämlich die Tatsache, dass man auf christlicher Seite „eine immer stärkere Individualisierung sucht“, während auf der Seite des Zen, also (grob gesagt) in der fernöstlichen Tradition „man im Gegenteil dazu neigt, das Individuum zu schwächen.“ Er geht sogar noch weiter – jedenfalls auf der christlichen Seite – und weist darauf hin, dass der Individualisierungsprozess im Zentrum der mystischen Beziehung steht, denn diese ist eine *Liebes*beziehung zwischen Gott und dem Individuum. Es scheint mir, dass Foucault in diesem Punkt recht haben kann, denn auf der Seite Gottes wie auf der Seite des Menschen gibt es Individualisierung, beide werden als *Person* individualisiert; daher kommt die Möglichkeit einer Liebesbeziehung zwischen Gott und dem Individuum, Liebe großgeschrieben, da sie die Grundlage und die Existenzberechtigung der mystischen Beziehung ist.

...und seine Kehrseite

Ihm fehlen dagegen die Bezüge, die ihm erlauben würden zu verstehen, warum eine solche Liebes-Beziehung innerhalb des fernöstlichen Denkens keine Relevanz hat – und auch nicht haben kann, und auf diese Weise *die Kehrseite* der von ihm skizzierten Spaltung zu erhellen. Ich werde nur ein aus einem Kapitel des *Dschuang Dsi* entnommenes Beispiel anführen, das ich in meinem letzten Buch über die Gleichheit der Dinge und der Reden kommentiert habe: „das, wodurch das Dao verloren geht, ist das, wodurch die [Vor]Liebe aufkommt."[3] Das Zusammenfallen ist nicht wirklich greifbar, aber es ist ein Hinweis; denn es ist ein negatives Zusammenfallen, bei dem der Ausdruck „lieben" „bevorzugen" bedeutet und folglich der Beginn einer Parteilichkeit ist. Das heißt die Fähigkeit zu verlieren, immer alles unterschiedslos und gleichberechtigt zu behandeln, sowohl die „Dinge" als auch die „Reden". Gerade in diesem Punkt unterscheidet sich die chinesische Weisheit aber grundlegend von der Mystik, denn man kann nicht gleichzeitig unendlich „verfügbar", ständig in Phase mit dem Werden sein – wie es die chinesische Weisheit fordert – und sich der „Liebe öffnen", sich in ihr festsetzen und von ihr vereinnahmen lassen.

3 Vgl. *Der Weise hängt an keiner Idee*, München 2001, S. 154.

Kurz gesagt, in diesem Text von Foucault scheint mir die Tatsache exemplarisch zu sein, dass er – die Kategorie der Mystik betreffend – durchaus zeigt, wie problematisch jeder *direkte Vergleich* zwischen dem „westlichen Denken“ und dem „östlichen Denken“ ist. Zumindest am Anfang. Foucault selbst lässt übrigens schließlich den von ihm entwickelten Vergleich fallen: „Zen und die christliche Mystik sind zwei nicht zu vergleichende Dinge [...].“ Sobald man aber aufhört zu vergleichen, was unvergleichbar ist, bleiben nur noch zwei Wege offen: der von Foucault eingeschlagene, nämlich nur das zu vergleichen, was zu vergleichen *ist* – in diesem Fall die *Techniken* des Zen und die der christlichen Spiritualität; aber dann verliert man das Gesamtproblem aus den Augen. Oder den von mir verfochtene Weg: die Kategorien neu zu bilden.

Man könnte Ihnen vorwerfen, hier Foucault gegenüber unfair zu sein... Denn es kann doch sein, dass er sich bei dieser Gelegenheit dazu verleiten ließ, Dinge zu sagen, die er nie geschrieben und erst recht nie veröffentlicht hätte! Aber wenn ich Sie recht verstanden habe, finden Sie gerade das interessant. Kurz gesagt, diese Äußerungen Foucaults scheinen Ihnen umso wertvoller und umso gründlichere Analysen zu verdienen, als sie - wenn auch nicht ganz spontan – so doch nicht überwacht *sind...*

„Die Geschichte der westlichen Rationalität und ihre Grenze“

Dieser Text hat mich auch überrascht, weil ich mich in ihm wiedererkannte: insbesondere in der Distanz oder der Zurückhaltung, die Foucault dem Orient gegenüber behält und auch in dem, was ihn wirklich „interessiert“. Als der buddhistische Mönch ihn geradeheraus fragt, ob sein Interesse für Japan wirklich stark oder oberflächlich sei, antwortet Foucault: „Ehrlich gesagt interessiere ich mich nicht vorrangig für Japan. Mich interessiert die westliche Geschichte der Rationalität und ihre Grenze“.

Ich möchte nebenbei betonen, dass es wahrscheinlich eines der ersten Male ist, dass man auf den Gedanken kommt: Was man gewöhnlich „die Rationalität“ nennt, ist geographisch begrenzt. Und ich bin sogar davon überzeugt, dass Foucault hier nur von der „*westlichen* Geschichte der Rationalität“ sprechen *kann*, weil er in Fernost ist. Denn die Idee, sich für diese regionale Angelegenheit der „westlichen“ Rationalität zu interessieren, für ihre Geschichte und für ihre Grenze, steht im Gegensatz zu der gesamten klassischen Philosophie; Sie ist antikantisch *par excellence* – allein dadurch, dass sie eine historisch-geographische Perspektive voraussetzt; und sie scheint mir den Begriff des „Westens“ auf die einzig legitime Weise einzusetzen, nämlich von *außen*.

Ich betone diesen Punkt. Es ist schließlich auffällig, dass Foucault allein aufgrund der Tatsache in Japan und folglich mit einem von außen kommenden Denken konfrontiert zu sein, dazu gebracht wird, die großen Pauschalbegriffe (wie „mystische Tradition“, „westliche Welt“, „Denken des Orients“ usw.) zu akzeptieren und sogar in Umlauf zu bringen, die er wie kaum ein Anderer – aus dem Inneren der westlichen Tradition heraus – obsolet gemacht hat.

Und zum Weltmeister der historischen Brüche, der aufeinander folgenden und inkommensurablen epistémé *...*

Innen-außen: Welche Konfiguration ist sichtbar?

...der Brüche, der Spannungen und radikalen Neukonfigurationen. Sie können nur *aus dem Inneren* der abendländischen Geschichte heraus erfasst werden, aber erscheinen von außen betrachtet nicht mehr als solche; oder sie werden als Etappen, sogar als einfache Wechselfälle gelesen.

Als man sich am Ende des 19. Jahrhunderts die zukünftige Welt vorstellte, dachten alle Leute, dass am ganzen Himmel Zeppeline fliegen würden! Und es stimmt, dass dies damals die Zukunft war oder zumindest zu sein schien. Dann musste diese „Zeppelin-Konfiguration" etwas ganz anderem Platz machen, das völlig anders konzipiert war, nämlich dem Flugzeug. Natürlich ist das Zeppelin von der Geschichte der Luftfahrt her gesehen irgendwo zwischen dem Ballon und dem Flugzeug angesiedelt. Aber Foucault hat uns ja gerade beigebracht, unter der Geschichte *zu lesen, und auf der Ebene des Denkens solche Brüche zu erkennen, wie es sie zwischen der Erfindung des Zeppelins und der des Flugzeugs gibt; er hat unsere Aufmerksamkeit auf die Art und Weise gelenkt, in der eine* epistémé *entsteht und sich entwickelt, bis sie ihren höchsten Wirkungsgrad erreicht, sich dann erschöpft oder in etwas ganz anderes verwandelt und schließlich verschwindet.*

Universalität des Zen?

Weil der Archäologe des Wissens das östliche Denken nicht von innen betrachten und so seine Kohärenzen erkennen kann, *a fortiori* seine Brüche, ist er in eine Art von theoretischem „toten Winkel“ außerhalb seiner historischen und epistemischen Kenntnisse gedrängt und dazu gezwungen, den – für sie nicht zu rechtfertigenden und rein ideologischen – Pauschalbegriff der „Tradition“ wieder aufzutischen.

Eine andere interessante Aporie dieses Dialoges betrifft die Stellung des Universellen. An einer Stelle kommt die Frage der Zen-Meditation auf, und Foucault wechselt vorübergehend den Gesprächspartner. Er dialogisiert jetzt nicht mehr mit einem namenlosen Mönch, sondern mit Omori Sogen selbst, dem Meister des Meditationssaals. Und jetzt ist es an ihm, Fragen zu stellen. Foucault hatte gerade daran erinnert, dass er zu wenig Meditationserfahrung besitze, um das Recht zu haben, darüber als Spezialist zu sprechen. Aber er bemerkt immerhin, dass er „durch die Körperstellung bei der Zen-Meditation fühlen konnte“, dass es neue Beziehungen „zwischen dem Geist und dem Körper, und auch zwischen dem Körper und der Außenwelt“ geben kann. Aus Zeitmangel begnügt er sich dann damit, Omori nur eine einzige Frage zu stellen: „Es handelt sich um den Universalismus des Zen. Kann man die Praxis des Zen vom Ganzen der Religion und von der Praxis des Buddhismus trennen?“

Ich zitiere Omoris Antwort *in extenso*.

„Zen ist aus dem Buddhismus hervorgegangen. Es gibt also enge Verbindungen zwischen Zen und dem Buddhismus. Dennoch muss Zen nicht unbedingt die Form des Zen annehmen. Man kann sogar auf den Namen „Zen“ verzichten. Zen hat eine viel größere Freiheit.

Sie haben gerade gesagt, dass Sie neue Beziehungen zwischen dem Geist und dem Körper sowie dem Körper und der

Außenwelt gefühlt haben. Ich finde bewundernswert, dass Sie das mit so wenig Erfahrung des Zen gefühlt haben. Sind es denn nicht universelle Erfahrungen, wenn man fühlt, dass der Geist und der Körper vereinigt sind und man selbst und die Außenwelt vereinigt ist? Das zeigt, dass Zen einen internationalen und universellen Charakter besitzt. Zen ist klein, wenn man bedenkt, dass er nur einen Teil des Buddhismus ausmacht, aber wir betrachten es nicht als einen Teil des Buddhismus. Wenn Sie mit Ihrer Erfahrung Zen in diesem Sinn verstehen könnten, wären sie von seiner Universalität überzeugt."

Sehen Sie: Zen ist wie ein Bonsai. Es ist vielleicht ein kleiner Garten, ein Miniaturgarten, aber er enthält alles, oder besser gesagt, *er ist Teil von nichts*. Er ist selbst die ganze Welt. Und dasselbe gilt für die Universalität des Zen – unter der Bedingung, dass man es „mit seiner Erfahrung" versteht, wie Omori sagt, und nicht nur mit seinem Geist. Meiner Meinung nach ist es hier überaus bezeichnend, dass der Dialog zwischen Omori und Foucault aufhört, sobald er diese dreifache Verbindung von Wissen, von Erfahrung und von Universalität ins Spiel bringt.

Hat Foucault auf Omoris Antwort nichts erwidert?

Ein unmöglicher Dialog

Nein. Und das ist gerade der entscheidende Augenblick des Dialogs: Als kein Dialog mehr möglich ist, obwohl man gerade auf die „Universalität" zu sprechen kam. Dann ergreift wieder ein buddhistischer Mönch das Wort und nimmt recht und schlecht das Gespräch wieder auf, indem er mit Foucault einige Höflichkeitsfloskeln austauscht: „Es freut mich sehr, in meiner *kleinen* japanischen Stadt einen *großen* Philosophen wie Sie empfangen zu dürfen usw.“

Jenseits des Endes des Imperialismus und des Austrocknens der Philosophie: Die zeitgenössische Agenda

Es stimmt, dass es da eine Art Abweisung von Seiten Omoris gibt. Denn wenn es etwas gibt, das Foucault tatsächlich nicht tun kann, dann Zen so zu verstehen, wie es die anwesenden buddhistischen Mönche verstehen, und a fortiori *wie es ein Zen-Meister versteht! Er hat also in Wirklichkeit keine Möglichkeit, Zugang zur Universalität des Zen zu finden... Aber ich möchte gerade, dass Sie diesen Punkt ein wenig klären. Was heißt „mit seiner Erfahrung verstehen“? Denn gewöhnlich versteht man doch wohl eher mit seinem Kopf oder mit seinem Geist...*

Da wird es eben chinesisch. „Wenn Sie Zen in diesem Sinn mit Ihrer Erfahrung verstehen könnten“, sagt Omori zu Foucault. Dabei ist die Verbindung der beiden Ausdrücke: „in diesem Sinn“ und „mit Ihrer Erfahrung“ wichtig. Denn „in diesem Sinn“ bedeutet hier nicht Zen religionsgeschichtlich als einen Teil des Buddhismus zu verstehen, sondern es als Bonsai zu verstehen; und es „mit seiner Erfahrung“ zu verstehen, bedeutet Zen zu *verwirklichen*, was nicht unbedingt in der Form des Zen geschehen muss...

Es scheint mir nämlich, dass ein Dialog zwischen Omori und Foucault scheitern musste, weil jeder aufgrund der Geschichte seiner intellektuellen Entwicklung bei der Vorstellung des „Bewusstwerdens“ *(„prise de conscience“)* einen anderen Schwerpunkt setzt. Auf unserer Seite sind wir nicht müde geworden, den zweiten Teil des Wortes *(conscience)* zu entwickeln, so dass im deutschen Idealismus schließlich die gesamte Geschichte der Philosophie als eine „Odyssee des Bewusstseins“ gelesen wird. Dagegen haben wir den ersten Teil unbeachtet gelassen, während im chinesischen und japanischen Denken gerade die paradoxe Frage des Erfassens *(prise)* entwickelt wird – besonders im Zen. Denn das Erfassen des Zen läuft notwendigerweise über diesen Weg der Beziehung des Meisters zum Schüler, in einem Dialog, der nicht kommuniziert, bei dem man sich nur gegenseitig etwas nachhilft und der sich zwischen den beiden auf Umwegen vollzieht. Deshalb kann man vergnügt sein Leben damit verbringen, in den Tempeln die Sutras zu lesen, die Meditationsübungen zu betreiben usw. – und das natürlich alles vergeblich! Aber dieses „vergeblich“ errichtet dennoch etwas, das im Zen schließlich zum *satori* führt – was gemeinhin mit „Erleuchtung“ übersetzt wird. Nun sagt man aber dasselbe über die innere Entwicklung des Dichters oder der Malers, man irrt sich also gewaltig, wenn man einer Entwicklung, die zu einer solchen „Erleuchtung“ führt, das Etikett „mystisch“ aufdrückt.

Aber kann man hierbei von „chinesischem Denken“ im allgemeinen sprechen?

Man findet es schon bei Menzius – gleichzeitig die lange Vorarbeit des „Reifungsprozesses“, und dann dieser „Sprung“ der „Verwirklichung“ – die zweite Phase, die einen Bruch mit der ersten darzustellen scheint, die aber im Gegenteil nur eine *Rückkehr ihrer Immanenz* ist. Denn das chinesische Denken, welches das Zen nur radikalisiert, lehrt uns, wie man sich zugleich engagieren und lösen muss: mit unseren eigenen Worten gesagt, heißt das, die „Immanenz“ wirken zu lassen. Denn „bewusst werden“ *(„prendre conscience“)* ist eben gerade nicht „erfassen“ *(„prendre“)*, und das Geheimnis des *Erfassens (prise)* des Zen besteht darin, dass es keine Angelegenheit des Erfassens ist; es bedeutet ein Auf-den-Weg-bringen... das tägliches hartnäckiges Üben erfordert. Nach dem Vorbild des Pianisten, der jeden Tag seine Tonleitern übt: und dann ist es schwierig, und dann ist es abgehackt, und dann ist es unbefriedigend... Aber an einem Morgen wie jedem anderen, als Sie sich wieder einmal ans Klavier setzen, „kommt es“, und „es“ spielt (sich) ganz von allein...

Ein Bauer aus Song

Es gibt eine andere Anekdote von Menzius, um die meine Arbeit oft kreist. Ein Bauer aus Song kommt abends müde heim und sagt zu seinen Kindern: „Heute habe ich gut gearbeitet, ich habe alle Schösslinge meines Feldes in die Höhe gezogen.“ Daraufhin laufen die Kinder zum Feld, um das Ergebnis zu sehen, und entdecken natürlich ein verwüstetes Feld, auf dem alle Schösslinge dabei sind zu vertrocknen. Und Menzius zieht daraus den Schluss: Es gibt zwei Irrtümer in der Welt, der eine besteht darin, die Wirkung *(zheng) unmittelbar* erzielen zu wollen, als ob die Wirksamkeit nur eine Frage des Zielens und des Willens wäre – eine Frage sowohl des Projekts, der Mittel und der Anstrengung; der andere besteht darin, nichts zu tun und sein Feld zu vernachlässigen.[4] Aber wenn man weder direkt an den Schösslingen ziehen darf, noch darauf verzichten darf, einzugreifen, was muss man dann laut Menzius tun? Jeder Bauer weiß das: Man muss am Fuß der Pflanze hacken und jäten. Das scheint unbedeutend zu sein, aber man berührt hier einen der subtilsten Züge des chinesischen Denkens: Wie es ihm gelungen ist, das Künstliche und das Natürliche so zu verbinden, dass sie übereinstimmen; oder wie man dem, was ohnehin von selbst kommt, nachhelfen soll.

Von weitem, auf indirekte Weise...

Ja. Und vor allem von Anfang an, um das Implizierte besser in eine bestimmte Richtung bringen und fördern zu können. Der Reifungsprozess der Pflanze liegt in der Pflanze, ist im Pflanzen-prozess eingeschrieben; aber gleichzeitig muss man das Wachsen des Samenkorns unterstützen – der Entfaltung der Immanenz beistehen. Dasselbe gilt für die innere Entwicklung des Mönchs im Tempel, für die Konzentrationsübungen, die Hygiene, die Askese usw.; auch diese streben nur eines an: Das Auftauchen dessen fördern, was ganz von selbst geschieht, ein Verstehen, das nicht das Verstehen der Vernunft, der „Verkettung der Vernunftgründe“ ist, sondern das Verstehen einer in-

4 Menzius, II. Buch, Abschnitt A, 2. Kapitel.

neren Entwicklung, eines Bewusst-„werdens“ („prise“ de conscience).

Krise des westlichen Denkens und
Ende des Imperialismus

Bei diesem kleinen Gespräch von Foucault ist es interessant, dass es nicht mit der Feststellung der versperrten Universalität des Zen aufhört, sondern von der europäischen Seite her wieder in Gang kommt, indem die Aporie unserer eigenen europäischen Universalität ans Licht gebracht wird.

Als nach Omori ein buddhistischer Mönch das Wort ergreift, fragt er Foucault nach der gegenwärtigen Krise des westlichen Denkens. Der erste Teil der Antwort Foucaults – die Erklärung, die er für die universellen Auswirkungen dieser Krise gibt – überrascht nicht. Denn Foucault kehrt nur zu den Aussagen zurück, die nach Hegel von Husserl und Merleau-Ponty[5] vertreten werden: „Europa befindet sich in einem bestimmten Zeitalter in einer bestimmten Gegend der Welt. Dennoch weist es die Besonderheit auf, eine Universalitätskategorie zu schaffen, die die moderne Welt kennzeichnet. Europa ist der Geburtsort der Universalität.“ Und das zeigt, wie schwer es ist, „Hegel zu entkommen“, mit der Idee der griechischen Ausnahme zu brechen, die Europa zum Geburtsort der Suche nach Universalität und nach Wahrheit macht, und *somit* zur geistigen Wiege der Universalität. Natür-

5 Vgl. Maurice Merleau-Ponty, *Signes*, Paris, Gallimard, 1960, „Partout et nulle part“ : „L’Orient et la philosophie“.

lich ist man mit Husserl vorsichtiger und differenzierter geworden: Man sagt allmählich, dass Europa im Grunde den anderen Gegenden der Welt gleich gestellt ist, dass es nur eine „anthropologische Spezies“ unter anderen ist...Aber das geschieht nur, um dann die griechische Ausnahme umso besser herausstellen zu können, die einzigartige Besinnung einer Kultur auf sich selbst, ihr „Hegelsches Wunder“.

Dagegen wird Foucaults Position interessanter und gewinnt an Originalität, als er die Krise des westlichen Denkens mit dem Ende des Imperialismus (und daher mit seiner Universalität) identifiziert. Ich zitiere:

Das europäische Denken befindet sich an einer Wende. Diese Wende ist auf historischer Ebene nichts anderes als das Ende des Imperialismus. Die Krise des westlichen Denkens ist mit dem Ende des Imperialismus identisch.

Das interessante der Gleichsetzung von Foucault ist also die Tatsache, dass sie die Geschichte des Imperialismus mit der des europäischen Denkens verknüpft. Anders gesagt, sie verbindet das Schicksal der Philosophie mit der historischen Erfahrung des Okzidents von der griechischen Antike bis zum „Niedergang“ Europas im 20. Jahrhundert. Aber Foucault geht noch weiter, indem er ein Beispiel gibt, oder besser gesagt, indem er ein Symptom dieser Krise des westlichen Denkens aufzeigt, nämlich die Tatsache, dass es „keine höchste Philosophie produziert hat, die auf brilliante Weise vermag, dieses Denken selbst zu bedeuten.“ „Denn das sich in einer Krise befindende westliche Denken“, fügt er hinzu, „drückt sich durch Diskurse aus, die sehr interessant sein können, die aber weder spezifisch noch außergewöhnlich sind. Es gibt keine Philosophie, die dieser Epoche ihre Signatur gibt. Denn es ist das Ende des Zeitalters der westlichen Philosophie."

Omoris Schweigen und das Austrocknen der Philosophie

Wir sollten hier Foucaults strategische Bescheidenheit mitberücksichtigen, der offensichtlich nicht die übrigens ambivalente Rolle des „Oberphilosophen" spielen will und (an einer früheren Stelle des Gesprächs) nicht akzeptiert, dass man von seinen Arbeiten als einem „Werk" spricht. Wenn man das allerdings im gegenwärtigen Kontext von Dekonstruktion, Postmoderne usw. liest, wird man ihm recht geben müssen: Man kann heute durchaus etwas sehr Allgemeines wahrnehmen, das nicht der „Tod" oder der Niedergang der Philosophie – wie man es gewöhnlich thematisiert – ist, sondern vielmehr die Anerkennung und die Erprobung ihrer Grenze. Denn stellt das Ende der politischen und ökonomischen Vorherrschaft des Westens nicht gleichzeitig auch die Vorherrschaft eines bestimmten Gebrauchs der Theorie und des Begriffs in Frage? Genau diese Erfahrung macht Foucault hier mit dem Schweigen von Omori: Denn wenn es etwas gibt, worauf der philosophische Diskurs keinen Einfluss hat, so ist es die *Erfahrung* des Zen.

Nicht „Tod", sondern Scheitern der Philosophie?

Was vielleicht bei den Äußerungen Foucaults am meisten überrascht, aber in meinen Augen das Nützlichste ist, das ist ihr äußerst *programmatischer* Aspekt. Denn der buddhistische

Gesprächspartner von Foucault begnügt sich nicht damit, ihn zur Krise des westlichen Denkens zu befragen, er hilft ihm aus der Klemme. Ich möchte darauf eingehen: „Denken Sie", fragt er ihn, „dass das östliche Denken dazu beitragen könnte, das westliche Denken zu überprüfen? Das heißt, denken Sie, dass das östliche Denken in gewisser Weise dem westlichen Denken ermöglichen wird, einen neuen Weg zu finden?" Das ist eine alte, immer wiederkehrende Frage, die sowohl von den Chinesen wie von den Japanern gestellt wird: sie sagen uns, Sie selbst sprechen von einer Krise, einer Sackgasse, vom Ende ... Könnte die Lösung nicht durch eine erneute Auseinandersetzung mit uns gefunden werden, und sogar durch eine *Anleihe*? Foucaults Antwort:

„Die Überprüfungen dieser Fragen werden mit verschiedenen Mitteln vorgenommen, vermittels der Psychoanalyse, der Anthropologie und der Analyse der Geschichte. Und ich denke auch, dass die Überprüfungen fortgesetzt werden können, indem man das westliche Denken mit dem östlichen Denken konfrontiert."

Die heutige Agenda

Das nennt man eine neue Konstellation des Philosophischen. Wenn ich mich nicht irre – und um auf Ihre eigene intellektuelle Entwicklung zurückzukommen – wurde das Collège international de philosophie *1981 gegründet, also nur drei Jahre nach diesem Gespräch. Die Gründung geht von dieser Idee aus.*

Foucault skizziert hier in der Tat nicht mehr und nicht weniger als die Idee und das Programm, die das *Collège* definieren, zumindest so wie ich es in den Jahren verstanden habe während ich sein Leiter war. Denn nach der Dekonstruktion und der Postmoderne ist dies meiner Meinung nach die heutige Agenda: die spezifischen Fragen der Philosophie überprüfen, aber von Gebieten aus, die außerhalb von ihr liegen, und indem man sich auf Kompetenzen stützt, die sich ihr entziehen.

Das ist noch nicht alles, denn Foucault wagt sogar, seine Vision der kommenden Philosophie zu skizzieren, jenseits ihres als unvermeidlich angesehenen Austrocknens:

„Wenn es denn eine Philosophie der Zukunft gibt, muss sie [...] folglich aus Begegnungen und Zusammenstößen zwischen Europa und Nicht-Europa hervorgehen."

Sie stellen fest, dass Foucault plötzlich sehr vorsichtig wird: Er benutzt nicht mehr den Begriff des Vergleichs, in dem er sich gerade zuvor bezüglich des Zen und der Mystik verfangen hatte. So ist er gezwungen, etwas Neues einzuführen, indem er diese kühne Vision entwickelt, bei der jedes Wort zählt... Denn was ist „Nicht-Europa" genau? Wir werden darauf zurückkommen müssen. Wenn jeder Vergleich unmöglich oder unfruchtbar wird, wenn, noch radikaler gesagt, jede überragende Position ausgeschlossen ist und sich die bisherigen Kategorien als unangemessen erweisen, ist es dann nicht am besten daran zu arbeiten, der Philosophie wieder alle ihre Möglichkeiten zu eröffnen, indem man *wieder* vom Grundlegendsten *ausgeht* – den „Konfrontationen" oder brutaler gesagt, den „Zusammenstößen", von denen Foucault spricht?

Es geht auch noch um etwas anderes. Wir befinden uns nicht nur an einer historischen Wende des europäischen Denkens, sondern des Denkens schlechthin. Was würde passieren, wenn man diese Arbeit der Konfrontation zwischen „westlichem Denken" und „östlichem Denken" nicht leistet, die uns Foucault „zuweist"? Man würde dann in eine von kontinuierlichen *Verwechslungen* geprägte Beziehung zu den Zivilisationen treten, mit denen wir ökonomisch und politisch zusammengetroffen sind, mit denen wir auch intellektuell zusammentreffen. In diesem Sinn trägt unsere Generation eine historische Verantwortung. Denn im Moment scheint das chinesische Denken sich zwar in die Kategorien der (europäischen) Humanwissenschaften eingereiht und sogar vor ihnen gekuscht zu haben – es hat das getan, um von ihnen anerkannt zu werden. So wie es die westliche Wissenschaft und Technik übernehmen musste. Wenn man dem Begriff einmal begegnet ist, wird es nämlich unmöglich, auf ihn zu verzichten: wie beim Dosenöffner oder beim Auto, wenn man sie einmal in den Händen hatte, kann man auf ihre Bequemlichkeit nicht mehr verzichten. Aber was geht bei dieser (westlichen) konzeptuellen Übersetzung des fernöstlichen Denkens unwissentlich verloren? Und hat es nicht vielleicht seine Rückwirkungen – bis hin zum Preisen einer „Rückkehr zu den Ursprüngen", die auf eine allerdings einfältige Art und Weise ausgleicht, was unter diesem zu billigen Universalismus verloren wurde?

Ich glaube weder an den „Dialog der Kulturen" als Allheilmittel noch an die *laue*, geistlos humanistische, einmütige Literatur, die er hervorbringen kann. Aber es ist klar, dass eine echte Arbeit geleistet werden muss, die darin besteht, die wirkliche Begegnung zwischen diesen beiden Denkwelten zu *bewirken*.

Zusammenfassend könnte man sogar sagen, dass Foucault ohne es zu wissen einen roten Teppich ausrollt – und zwar mit Pauken und Trompeten!

Wohlgemerkt, ich habe diesen Text erst vorgestern gelesen. Er ist aber schon 20 Jahre alt und bringt uns zu einem entscheidenden Moment in Chinas Geschichte zurück, denn 1978 war das Ende des Maoismus (Mao starb 1976); es war die Zeit der dritten Vollversammlung des Zentralkomitees, Deng Xiaopings Rückkehr an die Macht, also der Übergang zum Ökonomismus in China.

Sie waren übrigens zu dieser Zeit und unter ganz besonderen Umständen dort...

1974 - 1978

Es war direkt nach meinem ersten langen Aufenthalt als Student der Sinologie in China, und bevor ich nach Hongkong aufbrach. Halten wir von Foucaults Japanreise vor allem fest, dass sie in einem Moment stattfand, als die maoistische Utopie nicht mehr wirken konnte. So kommt es, dass Welten die Chinareise von Barthes (1974) und die Japanreise von Foucault trennen, obwohl sie nur vier Jahre auseinander liegen. Außerdem ist da auch noch der Unterschied zwischen China und Japan... Zwischen diesen beiden Daten, halten wir uns an diese bequemen

Orientierungspunkte, ist natürlich einiges in Bewegung geraten, anderes blieb blockiert – in Frankreich, in China – und es scheint mir interessant zu sein, dies sowohl historisch zu beschreiben als auch philosophisch zu überdenken.

Das wird Ihnen auch die Gelegenheit geben, ihr Ausgangsprojekt genauer zu erläutern.

Als ich 20 Jahre alt war und so recht und schlecht versuchte, die Trägheitskraft – die umso größer ist, als sie unerforscht bleibt – dessen zu überwinden, was man trotz Foucault unsere philosophische „Tradition" nennen muss.

Ein philosophischer Gebrauch Chinas
Gespräch mit der Zeitschrift *Débat*

Sie sind kein wirklich typischer Sinologe. Sie haben sich nicht gleich für China als Land interessiert, sondern sind durch die Philosophie dazu gekommen. Genauer gesagt, nach einem Studium, in dem Sie sich speziell mit der griechischen Philosophie beschäftigten, haben Sie sich sogleich dem chinesischen Denken zugewandt: Worin besteht die Logik dieses Weges?

Dieser Weg ist ein Umweg. Der Umweg hat kein Ende, aber am Anfang steht die Rückkehr: Mein Ausgangspunkt war nämlich ein Interesse für Griechenland, wobei ich aber das Gefühl hatte, dass Griechenland mir vielleicht zu vertraut war, um es entdecken zu können; so entschied ich mich, einen Weg einzuschlagen, der mich über eine außerhalb liegende Welt führte, um Abstand zu dieser vertrauten Welt zu gewinnen. Hinzu kam das Gefühl, dass die „Humanwissenschaften" sich heute nicht mehr auf unseren klassischen Horizont beschränken können. Das Projekt ist 1973-1974 entstanden, und ich habe 1975-1977 die letzten beiden Jahre meiner Ausbildung an der *Ecole normale Supérieure* als Auslandsstudium in China verbracht: vom Komfort der *rue d'Ulm* ins China der Endphase der Kulturrevolution, Sie können sich den „Abstieg" vorstellen... Dann folgte ein dreijähriger Aufenthalt in Hongkong, wo ich in die klassische Sinologie eingeführt wurde (am Xinya-Institut, an dem alte Meister lehrten, die aus China geflohen waren); und etwas später dann ein zweijähriger Japanaufenthalt, der notwendig ist, um die Ausbildung eines Orientalisten zu vervollständigen.

Aber ich unternahm diese Reise in den Orient nicht aufgrund einer ausgesprochenen Vorliebe für den Orient, sie war anti-exotisch und theoretisch. Ich habe mich aus drei Gründen für China entschieden: Ich wollte aus dem indo-europäischen Raum, insbesondere der großen indo-europäischen Sprache herauskommen, indem ich mich von den Syntaxformen und den etymologischen Wurzeln abschnitt, deren Bedeutung für die Philosophie ja allgemein bekannt ist; und dann wollte ich auch einen Zivilisationskontext entdecken, mit dem uns bis in jüngste Zeit keine gemeinsame Geschichte oder gegenseitiger Einfluss verband; und schließlich war ein weiterer Grund, dass dieses Denken schon früh in Texten formuliert wurde (denn mit Texten umzugehen, hatte ich ja gelernt). Ich konnte also weder Indien noch die arabische Welt wählen, über die ja Aristoteles wieder zu uns zurück gelangte, da blieb dann nur noch China übrig. Wenn man die Möglichkeit einer Alterität sucht, wird man entweder Anthropologe, aber dann muss man das im Denken Mitgemeinte rekonstruieren (im Rahmen der Gesellschaften, die keine Schrift haben), oder man will auf dem Boden eines expliziten Denkens bleiben, dann wird man Sinologe. Das ist Pascals berühmte Alternative „Moses oder China“ (oder auch „China beunruhigt mich“), da China einen Außenstandpunkt darstellt, von dem aus man das europäische Denken gegen den Strich lesen kann: gleichzeitig die Möglichkeiten anderer Arten von Intelligibilität entdecken – was nicht heißt, dass ich sie voraussetze – und als Umkehreffekt die impliziten Ausgangsbedingungen unserer Vernunft erforschen.

Zusammenfassend kann man sagen, dass „China" für mich nie ein Ort der Utopie war, sondern mir ständig durch seine „Heterotopie" von Nutzen war. Nicht weil das, was ich dort entdecke, unbedingt anders wäre (ich hüte mich besonders vor der leider sehr verbreiteten Neigung, den Chinesen auf die Rolle des Anderen festzulegen), sondern einfach, weil es von Anfang an einen anderen Rahmen bietet. Beim Übergang vom europäischen zum chinesischen Denken muss man immer diesen Rahmenwechsel vornehmen und folglich eine Diskontinuität des Denkens akzeptieren. Im Grunde suchte ich in China einen möglichst radikalen Bruch mit den impliziten Einverständnissen und Filiationen, auf denen unser Denken ruht (und sich ausruht), also eine Art von theoretischer Unbequemlichkeit und Verschiebung des Denkens. *Verschieben* im doppelten Sinne des Wortes: gleichzeitig eine Verschiebung im Verhältnis zum Normalen (unserer Denkgewohnheiten) vornehmen, indem man von einem Rahmen zum anderen geht, was unsere Vorstellungen verschiebt und das Denken wieder in Bewegung bringt; und auch verschieben in dem Sinn dass man einen Keil wegzieht: das, worauf wir unser Denken ständig stützen und das wir deshalb nicht denken können.

Sprechen wir darüber, wie Sie von einem Buch zum nächsten über gehen, von einem Thema zum anderen wechseln – Lu Xun und dann der allusive Wert im chinesischen Denken und in der chinesischen Poesie, anschließend ein Essay über den Begriff des Prozesses, dann eine Geschichte der Wirksamkeit, gefolgt von einer Eloge des Faden, und nach zwei Essays über die Immanenz und die Strategien des Sinns schließlich ein Buch über die Moral. Dieses Aneinanderreihen kann verwirren. Man sieht wohl, dass sie keine Methode anwenden, aber worin besteht ihre „Strategie"?

Ich gehe in der Tat durch das Aneinanderreihen kurzer Wegstrecken vor. Jedes meiner Bücher stellt eine solche Wegstrecke dar. Denn ich muss die beiden Klippen umfahren, auf die wir mit jeder Art von voreiliger Kohärenz zusteuern würden: die des Ethnozentrismus (bei dem man seine Wahrheit projiziert) und die der Exotik (bei der man der Faszination einer erfundenen Differenz erliegt). Das sind zwei entgegengesetzte Gefahren, die aber in einem Punkt zusammentreffen: die Rolle des Selben und die Rolle des Anderen, aber in beiden Fällen handelt es sich um eine Rolle. Damit ich nicht in diesen ausgefahrenen Bahnen stekken bleibe, muss ich jedes Mal von einem anderen Punkt aus starten; aber alle diese Punkte entsprechen einander und dienen als Markierungszeichen. Die Themen meiner Essays können zusammenhanglos erscheinen: die Strategie, die Fadheit, die Moral usw., sie stellen aber jeweils einen indirekten Weg dar, um zur zentralen Frage zurückzukehren, die in ihrer Gesamtheit genommen, die Frage der Ausgangsbedingungen der europäischen Vernunft sein könnte. Da ich sie nicht direkt angehen kann, bleibt mir nichts anderes übrig, als von einem Punkt zum anderen zu laufen, um eine Art *Netzwerk* von Problematiken zu weben. Wenn man ein Netz webt, kann man erst ab einer gewissen Anzahl von Maschen hoffen, etwas zu fangen... Nach der Verschiebung, das *Maschenwerk*.

Aber diese Suche nach einem Umweg und dieses Bemühen um indirekten Zugang ergibt sich auch aus den Bedingungen, unter denen die chinesischen Texte zugänglich sind. Denn ich musste mit der Frage nach der Eigenart des Textes in China beginnen, zunächst anhand des Werkes von Lu Xun, dem großen Schriftsteller der zwanziger Jahre. Zwar war Lu Xun ganz am Ende der Kulturrevolution in China der einzige Schriftsteller, den man noch lesen konnte (er starb kurz vor der maoistischen Revolution und seine Werke waren seitdem nicht der Zensur zum Opfer gefallen); aber der Vorteil seiner Texte war unter anderem, dass sie eine Anleihe beim Westen machten und mit der gelehrten chinesischen Tradition verbanden. Von dieser Öffnung zum Westen, insbesondere zur Symbolisierung, konnte ich bis zu dem zurückgehen, was die Besonderheit der chinesischen Indirektheit ausmachen kann – sowohl im poetischen als im philosophischen Diskurs (die man in der chinesischen Tradition nicht trennen kann): der „allusive Wert" des Textes, *wen*, der das Gegenteil des *logos* des europäischen Diskurses ist. Die Analyse dieses allusiven Wertes sollte mir als Propädeutik dienen, denn ich kam nicht umhin, diese Vorfrage zu stellen: Wie lesen die Chinesen selbst ihre Texte?

In der griechischen Welt spielt die Struktur des *agôn*, der Konfrontation, eine entscheidende Rolle: sowohl die Konfrontation der Phalangen in der Kriegsstrategie als auch die Konfrontation der Diskurse im Stadtstaat, vor Gericht, im Theater, auf der Agora und in der Folge auch in der Philosophie. Wir haben davon die Vorstellung übernommen, dass zwei antithetische Diskurse ihren Gegenstand schärfer fassen. Man findet diese Gegenüberstellung der Diskurse insbesondere in den Widerreden des Thukydides, und die Sophisten haben es dann in die Philosophie importiert: Demnach gebe es einen Gegenstand des Diskurses, die „Wahrheit", den die Verfahren der Widerlegung und der Umkehrung – *logos* gegen *logos* – einzukreisen suchen. Die Chinesen bevorzugen dagegen das schräge Vorgehen. Schräges Vorgehen in der Strategie: Die gesamte Kriegskunst beruht auf dem Ausweichen und der Vereitelung und zielt darauf ab, den Feind ständig unter Druck zu setzen und seine Kräfte zu erschöpfen, ohne ihm die Stirn zu bieten; schräges Vorgehen im Diskurs: Das Ideal des *wen* ist meistens das eines lokkeren, „schlaffen" Textes, der seinen Gegenstand nicht fest einkreisen, sondern dessen Prägnanz bewahren will. Denn ein expliziter Diskurs ist ein geschlossener Diskurs, dessen Vollendung nichts weiteres mehr erwarten lässt und der folglich steril ist. Alles ist gesagt und damit ist Schluss: Einerseits lässt die Bestimmung des Sinns keine Offenheit für etwas sich allmählich Durchsetzendes oder Faszinierendes mehr zu, und andererseits kann man ihn jetzt beeinflussen und ihn widerlegen. In den Augen der Chinesen wird der Wert des Sinnes dagegen durch die Tatsache gesteigert, dass der Sinn etwas hat, was „über ihn hinaus" geht, das verborgen, in Reserve bleibt, und sich unaufhörlich verbreitet und die Aussage „am Leben" erhält, weil sie offen für das Werden bleibt.

Wie sind Sie von dieser Frage des Textes zu der expliziter philosophischen Untersuchung von Procès ou création[1] *gelangt?*

Jedes Buch erfährt in dem nächsten eine Verschiebung und wird in ihm fortgesetzt. Ich bin von der Besonderheit dessen ausgegangen, was ich später die Strategien des Sinns in China genannt habe. Der erste rote Faden, den ich in *La valeur allusive*

1 *Procès ou création*, Paris 1989.

verfolgte und in *Umweg und Zugang*[2] wieder aufnahm, war also die Gegenüberstellung des Allusiven in China und des griechischen Diskurses, die Gegenüberstellung von Schrägheit und Frontalität. Was natürlich nicht bedeutet, dass nur China die Andeutung und das Indirekte kennt, denn auch wir können uns „chinesisch verhalten", sondern einfach, dass bestimmte Formen des schrägen Vorgehens dort deutlicher zu spüren sind und daher die Bedingungen der Interpretation verändern. Als ich mich dann aber mit der chinesischen Literaturtheorie beschäftigte, bin ich mir der Bedeutung bewusst geworden, die das Denken des Prozesses dort hat: Das Gedicht versteht sich selbst als eine kontinuierliche Wechselwirkung zwischen „außen" und „innen", der Landschaft und der Emotion, und nicht gemäß unseres Schöpfungsmythos. Daher die Alternative, die ich in meinem ersten Essay *Procès ou création* zu entwickeln versuchte, indem ich sie erweiterte.

Bei *La Propension des choses*[3] ging es darum, die Logik des Prozesses als Logik der Neigung zu formulieren („Neigung", ein Leibnizscher Begriff, der uns – ohne ein Äquivalent zu sein – ein bequemes Gegenüber liefert). Ich bin von einem chinesischen Wort ausgehend, dem Ausdruck *shi*, zum Begriff der Neigung gelangt, der sich gegen jede Übersetzung sträubt, weil er sowohl Situation, Konfiguration als auch Vermögen, Potential bedeutet: Diese Zweideutigkeit schien mir wertvoll, denn sie durchkreuzt den Gegensatz von Statik und Dynamik, auf dem unser Denken

2 *La Valeur allusive*, Paris, Ecole française de l'Extrême-Orient 1985. *Umweg und Zugang*, Wien 2000.
3 *La Propension des choses*, Paris 1992.

gewöhnlich beruht, weil sie zeigt, dass jede Situation einen *Verlauf* hat oder dass der Form eine Kraft innewohnt; gleichzeitig ist dieser Ausdruck praktisch, denn ohne im eigentlichen Sinne ein Begriff zu sein, wird er in sehr vielen Bereichen verwendet (Strategie, Politik, Ästhetik usw.), und durch die Überschneidungen, die er ermöglicht, trägt er zur Aufdeckung ihrer impliziten Kohärenz bei. Ich muss gestehen, dass ich kein chinesisches Buch kenne, das ausschließlich dem Ausdruck *shi* gewidmet ist und seine unterschiedlichen Sprachgebräuche abdeckt. Er wird in ihnen wahrscheinlich gleichzeitig als nicht begrifflich genug und als zu geläufig betrachtet. Aber gerade dies scheint mir aufschlussreich für eine Logik zu sein, die überall vorhanden, aber nie völlig ausgebildet ist. Oder vielleicht ist sie nur von einem gewissen „Außen" her zu bilden, indem man Abstand gewinnt. Dieses Mal vom Westen aus ein zu China gewonnener Abstand.

Allgemeiner bedeutet das, dass die westliche Sinologie nicht die Kopie der chinesischen Sinologie sein müsste – übrigens eine sehr blasse Kopie, denn wir sind immer zu spät aufgebrochen, dass wir nie genug über sie wissen werden –, sondern dass sie auf aktive und *positive* Weise westlich sein kann, wenn sie in ihrem Außenstandpunkt die Gründe ihrer Fruchtbarkeit findet, sofern sie diesen reflektiert. Denn bekanntlich gibt es nur eine Art und Weise des Lesens: gleichzeitig *aus der Ferne* und *aus der Nähe*. Aus der Nähe, indem man sich auf die Besonderheit und die Kreativität eines Textes einlässt; und aus der Ferne, indem man seinen Sinn extravertiert und entdeckt, dass er eine Perspektive eröffnet.

Die chinesische Strategie des Sinns und die Logik der Neigung implizieren eine besondere Konzeption der Wirksamkeit, auf die ich in einer Abhandlung *Über die Wirksamkeit*[4] zurückkomme, an der ich zur Zeit schreibe. Für die Chinesen entsteht die Wirksamkeit nicht dadurch, dass wir eine vom Verstand entworfene und vom Willen als Ziel gesetzte Idealform aufstellen, sodass wir „den Blick auf sie gerichtet", wie die Griechen sagten, versuchen sie in die Wirklichkeit umzusetzen; sondern sie entsteht eher durch eine Logik der kontinuierlichen Veränderung der Dinge und der Situationen, eher dadurch, dass wir früher oder später ausfindig machen, was in der Konfiguration *tragend* ist und uns dann von ihr tragen lassen, indem wir diese günstige Neigung ausnutzen. Die ganze chinesische Strategie besteht darin zu wissen, wie dieses Situations*potential* ausgenutzt werden kann. Anstatt direkt eine Wirkung erzielen zu wollen, was immer aufwendig ist und vom Zufall abhängt, denn um sie zu erreichen, wird man dem Ablauf der Dinge Gewalt antun müssen, sollte man besser ganz zu Beginn seines Ablaufes in den Prozess eintreten, sodass sich die gewünschte Wirkung durch Immanenz und als bloßes Ergebnis ganz natürlich ergibt, also ohne dass man sich anstrengen und verausgaben muss. Die chinesische Wirksamkeit ist indirekt, und sie ist umso größer, als sie diskret ist. Dieser strategische Zugang zur Wirksamkeit regt uns dazu an, über die Bedingungen der *Effektivität* des Realen nachzudenken. Da die Wirklichkeit aus chinesischer Sicht nur aus ablaufenden Prozessen besteht, kann auch die Wirkung nur aus dem Ablauf heraus geschehen: durch die Neigung der Dinge und nicht durch die Projektion eines Modells. Das entfernt uns von der Beziehung von Theorie und Praxis, die eine der am tiefsten verwurzelten Vor-

4 *Über die Wirksamkeit*, Berlin 1999.

entscheidungen der europäischen Vernunft ist (auch wenn sie ja bekanntlich ständig diese Begriffe umgearbeitet hat); und es ersetzt die Vorstellung der entsprechend ihrem angestrebten Zweck konzipierten Mittel durch die Vorstellung der aus der vorgenommenen Konditionierung resultierenden Konsequenz; ebenso ersetzt es unseren spektakulären Heroismus der Handlung durch die diskrete Arbeit der Transformation.

Ein Essay wie der über das Fade,[5] der scheinbar wenig mit dieser Frage zu tun hat, eröffnet einen unmittelbareren Weg. Denn die Frage bleibt dieselbe: Was für eine Auffassung der Wirklichkeit haben die Chinesen entwickelt und wie kann man Zugang zu ihr finden? Nun gehört aber die Fadheit zu den von jedem gemachten Erfahrungen: Es genügt, ihr Vorzeichen zu ändern, um festzustellen, dass es in China der prägnanteste Geschmack ist, der allen anderen Geschmacksrichtungen zugrunde liegt und sie alle enthält – ohne sie länger auszuschließen: Der Grund, wo das Konkrete aufgesogen und diskreter wird, wo es dadurch die größte künftige Ausbreitung erfährt und folglich die größte Wirkung hat.

Das sind alles Maschen, um ein und dasselbe Netz zu knüpfen und um eine andere Möglichkeit einzufangen, das Reale zu erfassen und sich zunutze zu machen. Oder besser gesagt gibt es hier aus chinesischer Sicht nicht zwei Fragen, die „Erkenntnis" und die „Handlung", sondern eine einzige, die gleichzeitig die Frage des Laufes der Dinge und ihres Gebrauchs ist. Die Chinesen haben das mit einem einzigen Ausdruck bezeichnet: der „Weg", das *tao*.

5 Über das Fade – eine Eloge. Zu Denken und Ästhetik in China, Berlin 1999.

Wenn man von der Frage der Wirksamkeit zu der Frage der Moral übergeht, um dann erneut zur Frage der Wirksamkeit überzuwechseln, bedeutet das in Wirklichkeit auch nicht, dass man den Gegenstand wechselt, es geht im Grunde immer um dieselbe Frage (oder besser gesagt, ich versuche auf diese Weise, zu dem allgemeinen *Grund* der Frage vorzudringen). Auch wenn die expliziten Standpunkte der Moralisten und den Denkern der Strategie sich natürlich unterscheiden. Denn selbst für Menzius hat die Moral die Wirkung, die Welt zu beherrschen: durch den Einfluss, den er auf die anderen ausübt, gewinnt der Weise nach und nach Macht, sodass die Welt schließlich *sponte sua* zu ihm kommt. Wenn Sie ein guter Fürst sind, werden Sie keinen Krieg mehr führen müssen, alle Völker werden Ihnen die Tore öffnen. In China sind diese beiden Bedeutungen der Tugend *(vertu)* nicht voneinander zu trennen: die moralische Fähigkeit der edlen Gesinnung, und die Fähigkeit, in der Welt etwas zu erwirken (so wie man sagt „vermöge" *(„en vertu de")*. Ebenso wie die Strategie stützt sich auch die Moral auf die Neigung (der menschlichen Natur), wirkt durch allmähliche Transformationen (die Funktion des Weisen) und gibt der Wirklichkeit eine andere Richtung, indem sie diese konditioniert (*via* „Riten").

Wie sieht nach 20 Jahren solcher Reisen das hervorstechendste Merkmal dieser „anderen" Art von Intelligibilität aus?

Ich habe gesagt, dass ich mich davor hüte, die chinesische Welt in die Kategorie des Anderen einzuschließen, was unter der Wirkung des Systems übrigens schnell darauf hinausliefe, das Selbe wieder zu finden, nur umgekehrt. Damit ein Anderes möglich ist, muss man damit beginnen, so wenig wie möglich vorauszusetzen, allen voran die Kategorie des Anderen, was meiner Meinung nach nur durch wiederholte Abstecher und zunächst auf indirekte Art und Weise geschehen kann. Genauer gesagt, das Andere kann nur durch eine kontinuierliche Deutungsarbeit erreicht werden, bei der man nicht müde wird, die Projektionen und die Annäherungen zu revidieren, mit denen man unvermeidlich beginnt. Deshalb spreche ich selten von den „Chinesen" im Allgemeinen, wenn ich das tue, dann aus rhetorischer Bequemlichkeit, aber ich gehe immer von einem Denken aus, das heißt, von einem Text, der in seiner Besonderheit betrachtet wird (und dasselbe gilt für den „Westen" – denn zu Beginn weiß ich auch nicht, was der „Westen" ist: Ich gehe also immer von besonderen Bezügen aus – ein bestimmter Augenblick des griechischen Denkens oder der Aufklärung...). Gleichzeitig wird man bei dieser eigentümlichen Ausarbeitung durch einige negative Feststellungen geleitet – Abwesenheit, aber kein Fehlen – die als Orientierungspunkte dienen und die man pauschal angeben kann: China hat an einigen unserer theoretischen Vorentscheidungen *vorbei* gedacht; so hat es zum Beispiel den Seinsbegriff nicht abstrahiert und auch nicht die Gottesidee entwickelt. Nicht etwa, weil es in der Kindheit der Philosophie stehen geblieben wäre, wie man es aufgrund eines Hegelschen Vorurteils – in „System und Geschichte der Philosophie" – so lange glauben wollte, sondern weil es andere mögliche Quellen von Intelligibilität ausschöpfen konnte.

Um Ihnen gleich mit einem westlichen Begriff zu antworten, indem ich also die Dinge zunächst ein wenig grob darstelle, würde ich sagen, dass das chinesische Denken in seiner Gesamtheit durch einen anderen Zugang zur Immanenz gekennzeichnet ist. Die Immanenz tritt in China nicht als ein „Immanenzplan“ auf, wie ihn Gilles Deleuze beschreibt, der das Chaos durchschneidet, Schnittflächen bildet, und der wie ein Sieb wirkt (das Denken des Chaos wurde in China kaum entwickelt), sondern eher als ein *Immanenzfond*, gleichzeitig als Reserve und als Quelle, der *Grund* der grundlosen Wirklichkeit. Ich würde etwas verkürzend sagen – auf die Gefahr hin, mich korrigieren zu müssen–, dass die Chinesen sich nicht fragen „warum“, sondern „wie“: nicht woher die Welt kommt, sondern wie sie läuft. Daher die Bedeutung der Folgebegriffe wie „Prozess“ und „Regulierung“: Welches sind die Regulierungsarten des großen Prozesses der Welt, die ihre „Prozesshaftigkeit“ ausmachen, in der die Wirklichkeit ihren Ursprung hat und die bewirkt, dass sie unerschöpflich ist, da die Welt nicht von ihrem Lauf abweicht. Was für uns allgemein auf die Idee der Natur verweist. Aber China hat die „Natur“ nicht „isoliert“, indem es sie zu einem eigenen Begriff machte (wie bei uns die *physis* im Gegensatz zur *techné*).

Um die Differenz zu schematisieren, könnte man sagen, dass es durchaus eine Transzendenz in China gibt (nämlich der Himmel), aber dass es keine durch Exteriorität erreichte Transzendenz ist. Die chinesische Transzendenz ist sowohl die Totalisierung der wirkenden Immanenz als deren Verabsolutierung: sowohl die Totalität der ablaufenden Prozesse, zu denen wir selbst immer nur teilweise Zugang haben, als auch deren Ablauf auf Hochtouren als vollkommene Herrschaft der Spontanität (im Sinne von *sponte sua*), zu der nur der Weise Zugang hat.

Welcher Zusammenhang besteht zwischen ihrer Praxis der Dekonstruktion von außen und der Heideggerschen und post-

heideggerschen Dekonstruktion, die man eine Dekonstruktion von „innen" nennen könnte?

Ich glaube, dass es sehr schwer ist, eine radikale Befragung aus dem Inneren der philosophischen Tradition heraus vorzunehmen, weil dabei zwangsläufig ein nicht hinterfragter Rest bleibt: das, von dem aus wir uns Fragen stellen und das wir daher nicht selbst befragen können. Es ist nicht dasselbe, die Metaphysik des Seins zu dekonstruieren oder in ein Denkmilieu überzuwechseln, in dem die Begriffe des Seins und des Wesens keine Konsistenz gewonnen haben. Auch wenn die beiden Vorgehensweisen oft scheinbar ähnlich sind. Ein anderes Beispiel: Die Philosophie hat ständig den Zweifel und das Staunen an den Anfang ihrer Tätigkeit gestellt. Nun hat aber China dem Staunen niemals einen großen Wert beigemessen und der Weise hütet sich zu zweifeln, denn er wäre dann nicht mehr in Einklang mit der Wirklichkeit. Ich möchte diese Art von Verschiebungen nutzen, um zu versuchen, dem zu entkommen, was Nietzsche als „Atavismus" der Philosophie anprangerte. Es stimmt, dass die Philosophie sich unaufhörlich erneuert hat, da ja bekanntlich jeder Philosoph Nein zu dem vorhergehenden Philosophen sagt (und gerade das hat ihrer Geschichte immer wieder eine neue Dynamik verliehen), aber es bleiben nichtsdestoweniger gewisse Denkgewohnheiten *(plis)* – und man könnte davon träumen, sie abzulegen.

Beruht dieses Fehlen des Verbes „sein" auf dem Fehlen der Ontologie? Ist der chinesische Sinn für das Allusive, das „Schräge", eine bloße Technik oder etwas anderes?

Man weiß, dass das Verb „sein" bei Homer gebildet wurde, bevor Platon es gebrauchte, dass es ein Bestandteil eines Gefüges von semantischen Möglichkeiten ist, das die Philosophie erst anschließend expliziert hat. Die Ontologie wurde also schon vor der Philosophie zu einer Gewohnheit *(pli)* des Denkens. Nun hat sich das chinesische Denken entwickelt, ohne auf die Ontologie zu rekurrieren. Daher kommt die globale Verschiebung, von der ich sprach. Die Schwierigkeit besteht für mich nicht darin, diesen oder jenen Begriff örtlich einzukreisen, sondern eher darin, zu erfassen, was das chinesische Denken ständig durchscheinen lässt – was es überall sagt, ohne es gesondert hervorzuheben: was es als Evidenz mit sich führt und nicht explizit formulieren muss und was gerade dieses *nicht metaphysische Milieu* des Denkens ausmacht.

Die Funktion des Allusiven muss natürlich in Bezug auf den prägnanten Status eines nicht ontologischen Sinnes verstanden werden. Aber sie lässt sich in China auch mit anderen Gründen erklären: einerseits mit der chinesischen Sprache, die der Kontextualisierung eine zentrale Bedeutung verleiht und so eine Ausbildung für den Umgang mit Texten erfordert, und andererseits auch die ausweichende Beziehung des Gelehrten zur Macht. Ausweichend aus moralischen, rituellen Gründen – die Abscheu vor der Konfrontation – aber auch aufgrund der Zensur, die zu dieser Zweideutigkeit der poetischen Funktion führt, die seit dem vor über 2000 Jahren erschienen *Buch der Lieder* erkennbar ist : Hinter der Verschwommenheit der Bilder hört derjenige, der genau hinhört, genug, um sie zu verstehen, und derjenige, der spricht, sagt nicht zu viel, um sein Leben nicht aufs Spiel zu setzen. Bis heute (man denke an die Ereignisse des Tian'an men-Platzes 1989) übt die

Poesie eine politische Funktion aus, die darin besteht, einen Sinn durchscheinen zu lassen, der nicht anders ausgedrückt werden könnte, ohne den zu gefährden, der ihn formuliert. Auf der Grundlage dieser mehrdeutigen Beziehung des Gelehrten zur Macht wurde eine Art von Konsens hergestellt, dessen Toleranzgrenze allerdings, wie man sich denken kann, prekär bleibt. Denn dieser anerkannte Gebrauch des Indirekten erlaubt der Macht jederzeit die Unterstellung eines kritischen Sinnes, oder sie hat ein Interesse daran, sich über das Gesagte hinaus einen kritischen Sinn vorzustellen, der als solcher niemals wirklich ins Feld geführt werden kann. Das allusive Vorgehen ist gleichzeitig eine Kunst und eine Gefahr, da der Gelehrte die Redefreiheit nicht kennt, die der Intellektuelle bei uns erworben hat und deren Zusammenhang mit der Transzendenz man nach der Rückkehr aus China besser versteht. Was die chinesische Welt angeht, so ist es eine Welt ohne Exteriorität, deshalb hat sich das Denken der Spontanität dort nicht von der Seite der Freiheit und ihrem staatsbürgerlichen Rahmen her entwickelt, sondern von der Seite der *sponte sua* her: Ihre Kehrseite ist in China das Fehlen einer abweichenden Rede, und die Tatsache, dass der Gelehrte zwar davon träumen kann, sich aus der Welt „zurückzuziehen“ und sich nicht politisch zu engagieren – ein Gemeinplatz der Poesie – aber dennoch ihr Gefangener bleibt.[6]

Ist der Horizont Ihrer Arbeit die Übersetzung des chinesischen Denkens oder umgekehrt die Aufdeckung einer grundlegenden Unübersetzbarkeit?

6 Vgl. *Umweg und Zugangs*, op. cit., Kap. VI.

Ich übersetze wenig, weil die Übersetzung für mich nur einen Sinn hat, wenn sie von Kommentaren begleitet wird; oder besser gesagt, die Übersetzung kann erst am Ende kommen. Alle meine Bücher sind im Gunde nur Einleitung zu einer Übersetzung. Denn in meinen Augen gibt es weder eine gegebene Übersetzbarkeit noch eine grundsätzliche Unübersetzbarkeit; die Übersetzung muss durch schrittweise, niemals abgeschlossene Interpretation erstellt werden, sodass man das einfängt, was das chinesische Denken ständig durchscheinen lässt, was aber jedes Mal nicht völlig identifiziert werden kann. Gleichzeitig ist meine Anfangsvoraussetzung, die der Sinnstrategien, dass der von mir gelesene Sinn kohärent ist, dass er also verstanden werden kann. Für mich gibt es keine in ihrer Spracheigenheit eingeschlossene „chinesische Mentalität", sondern mehr oder weniger voneinander entfernte Intelligibilitäten, deren theoretischer Gewinn darin besteht, auf diesem Weg das besser lesbar zu machen, was auf jenem weniger gut lesbar ist. Es ist unmöglich, die Seite in zwei Spalten zu teilen und eine Parallele zu ziehen, indem man diese beiden Welten als zwei genau bestimmte Ganzheiten gegenüber stellt. Nehmen wir zum Beispiel eine typische große „Differenz", die Tatsache, dass es am Anfang der chinesischen Tradition überhaupt kein Epos gibt. Dieses Fehlen hatte unendliche Auswirkungen: kein Epos, also infolgedessen kein Theater und mithin keine *mimêsis*... Letztlich wird alles verschoben, und gerade das macht die Starre einer Gegenüberstellung innerhalb eines Panoramas unmöglich, in der die Differenz Platz finden könnte.

Es bleibt noch eine Methodenfrage, oder besser, das, was sich mir als Notlösung aufdrängt und dennoch ständig meine Arbeit orientiert und anregt. Denn wie kann ich etwas vom *(möglichen)*

Anderen in einem Diskurs durchscheinen lassen, der für uns verständlich ist, also in unseren Ausdrücken (den Ausdrücken des Selben) ? Meistens habe ich keine andere Möglichkeit, als von den Ausdrücken auszugehen, die für uns kaum Begriffe sind, oder von Begriffen, die sich auf einen speziellen Sprachgebrauch beschränken, wie die „Fadheit", die „Regulierung", die „Neigung", das was „tragend ist" usw., und an ihnen im Laufe der Zeit Veränderungen und Anpassungen vorzunehmen, durch die es ihnen am Ende des Essays möglich ist, eine Bedeutung anzunehmen, die sie sich am Anfang nicht träumen ließen. In diesem Sinn ist jeder meiner Essays eine Montage, um solche Möglichkeiten zutage zu fördern. Die Unbequemlichkeit der Heterotopie rührt auch von dieser Notwendigkeit her, mich am Rand unseres Theoriediskurses zu bewegen oder dessen Ausdrücke zu verschieben. Daraus ergibt sich die Unmöglichkeit eines methodischen Vorgehens und die Notwendigkeit, ununterbrochen ganz an den Anfang zurückzukehren und die Sprache umzuleiten, um sie zu anderen Möglichkeiten zu führen.

Ein Beispiel von Verschiebung und Anpassung: Ich sprach vorhin von der Wirkung, aber ich würde lieber *Effekt* sagen (so wie man Affekt sagt). Denn verglichen mit der chinesischen Perspektive der Wirksamkeit (oder besser gesagt der Effizienz), ist die Wirkung gleichzeitig zu kausal und zu sinnfällig, gleichzeitig zu produziert und zu endlich, um die Wirksamkeit zu beschreiben, die in der Welt am Werk ist, oder die der Künstler durch seinen Prozess entstehen lässt; ihr Begriff ist zugleich zu starr und zu eng: zu sehr von der Prozedur des Ganzen abgeschnitten, die sie entstehen ließ, die Wirkung ist zu sehr auf das Ergebnis ausgerichtet und dadurch noch zu spektakulär und demonstrativ (sodass sie schon fast künstlich erscheinen kann, so wie es in der Musik oder in der Dichtung darum geht, Wirkungen zu erzielen, oder so wie man von einer „schönen Wirkung" spricht: diese Wirkung ist zugleich zu theatralisch und zu technisch). Im Unterschied dazu und weil er näher an der sprachlichen Wurzel bleibt (*efficere*: bewirken, dass), ist der Effekt die operative Dimension der Wirkung – ihr unsichtbarer Zufluss, er ist das, was zu ihr hinführt und sie effektiv macht: er ist die *ablaufende* Wirkung (jedes chinesische Denken ist ein ablaufendes Denken), die prägnante Wirkung, wie sie sich aus dem begonnenen Prozess ergibt (und unaufhörlich aus ihm hervorgeht), da er nicht auf einer Logik der Produktion, sondern des Entstehens beruht.

Ob nun Über-setzung oder um Zwischen-setzung, kann man sich auf den Begriff der europäischen oder chinesischen Tradition stützen? Haben wir nicht insbesondere von Foucault gelernt, die Bedeutung der Brüche, der Verschiebungen in der Geschichte des Denkens zu ermessen?

Wie Foucault gezeigt hat, hat man es von „innen" gesehen mit Brüchen zu tun, also mit der Unmöglichkeit von Tradition, aber von „*außen*" gesehen, tauchen umfassende Kohärenzen auf. So erscheint die Geschichte der Ontologie, trotz ihrer Vielfalt und ihrer Spaltungen, durchaus einheitlich, sobald man sie von diesem Außen aus betrachtet, das durch das Fehlen des Verbs „sein" gebildet wird. Der Begriff der Tradition hat nur eine Relevanz, wenn man sich ihm von außen nähert (wie wir von Lévi-Strauss gelernt haben).

Ich spreche von Tradition nicht im Sinn von Filiation oder von Überlieferung, selbst wenn diese Einflüsse eine Rolle spielen, sondern im Sinn von *Gewohnheit (pli)*, so wie man sagt, eine Gewohnheit annehmen. Die Tradition des europäischen Geistes besteht darin, sich gegen sich selbst zu richten, was unter anderem den Reichtum des europäischen Denkens ausmacht. Aber ein Umweg über China ermöglicht oft die Wahrnehmung von Kohärenzen und Kontinuitäten – jenseits der Brüche: die (europäische) Vernunft hat Gewohnheiten angenommen, die sie noch nicht abgelegt hat. Von China aus gesehen, erscheint zum Beispiel die Psychoanalyse in einer engen Kontinuität mit der westlichen Tradition, und mit der des *logos*: eine Diskurstradition, die auf das Allusive und das Indirekte gegründet ist, hat nichts mit der Psychoanalyse zu tun; die Vorstellung eines Sprechens, das zu identifizieren sucht, indem es (das „Objekt" des Traumas) eng einkreist und dadurch befreiend wirkt, bleibt ihm fremd.

Wie kann man die chinesische und europäische Rationalität charakterisieren?

Auf europäischer Seite stellt die Vernunft die Welt in Modellform dar, sie abstrahiert aus ihr eine Idealform *(eidos)*. Die chinesische Vernunft beruht ihrerseits auf einem Prinzip innerer Kohärenz, das bekannte *li*, das die Philosophen der Aufklärung so interessierte, und das man als ein Prinzip der *Regulierung* der Dinge begreifen kann. Die Wirklichkeit besteht nur aus Prozessen, die immerfort entstehen, solange sie nicht abweichen und solange sie reguliert werden (nach dem Bild des Himmels als *Fonds* des Prozesses). Leibniz hat als erster begriffen, dass das chinesische Denken auf der Harmonie beruht; aber diese Harmonie ist nicht prästabilisiert, sie läuft ab, befindet sich durch Anpassung in ständiger Transformation – die ich Regulierung nenne. Denn in China ist alles Werden, keine Logik extrahiert daraus feste, mit sich selbst identische Wesenheiten, wie es das griechische Denken getan hat. Gleichzeitig ist dieses Werden nicht blind oder chaotisch, sondern kohärent. Das chinesische Denken *erklärt* nicht – ein griechischer Ausdruck, der auf das Warum antwortet –, es erhellt die Bedingungen dieser Kohärenz (das Wie des Laufes der Dinge), das, was den „Weg" (das *tao*) ausmacht.

Sie stellen das griechische Denken und das chinesische Denken einander gegenüber, aber – um den Titel eines Ihrer Bücher, Procès ou création, *aufzugreifen, Griechenland ist nichts fremder als der Begriff der Schöpfung. Nun verkörpert er aber* par excellence *die westliche Idee der Exteriorität, die China so fremd ist. In Ihrer Arbeit ergibt sich westliche Tradition und ihr direktes chinesisches Gegenüber aus dem Begriff der Schöpfung und nicht aus dem der griechischen* physis.

Ich wiederhole noch einmal, dass ich nicht vergleichen will, sondern Intelligibitäten reagieren lassen und sie *ausprobieren* möchte, indem ich sie miteinander konfrontiere. Nun provoziert aber der Begriff der Schöpfung im Feld des chinesischen Denkens eine Reaktion, ohne dass man davon auszugehen hat, dass er die Grundidee der Architektur des europäischen Denkens ist. Und diese *enthüllende* Wirkung interessiert mich; und gleichzeitig interessiert es mich, die umgekehrte Möglichkeit so weit wie möglich weiter zu treiben.

Wenn ich lieber von „Kohärenz" als von „Rationalität" spreche, dann tue ich das, um das chinesische Denken nicht in unserer Vernunftidee einzuschließen, aber keiner der beiden Ausdrücke für sich genommen ist hinreichend. Denn keine Übersetzung ist sofort ideal, ihr Wert misst sich jeweils an ihrer Fähigkeit, beim Fortgang der Arbeit angepasst werden zu können. Die Idee der Kohärenz ist deshalb bequem, weil sie im Hinblick auf China annimmt, dass die Dinge „zusammen halten", um zu funktionieren. In China wird die Beziehung als das ursprüngliche angesehen, sowohl in der Ordnung der Natur als in der Ordnung der Gesellschaft. Ein Satz aus dem *Buch der Wandlungen* – ich übersetze es lieber wörtlich, der Sinn tritt dann stärker hervor: *Yiking*, der *Klassiker der Wandlungen* – fasst diese Anschauung sehr gut zusammen: „Der Himmel ist oben, die Erde ist unten". Dieser Satz scheint mir bemerkenswert, gerade weil er nichts erfindet, nichts erzählt, dem Mythos keinen Platz einräumt: der Weise begnügt sich damit, nach oben und nach unten zu sehen. Und dennoch sagt der Satz alles: einerseits die Polarität der Ausdrükke (gleichzeitig der Himmel und die Erde, das *yin* und das *yang* usw.), anstelle einer Einzelinstanz (vom Atom bis zu Gott); andererseits und gleichzeitig sagt er, dass die Wertachse in der Natur eingeschrieben ist (es gibt ein „Oben" und es gibt ein „Unten").

Der Unterschied zwischen der Weisheit und der Philosophie ist ein Gemeinplatz des Diskurses über die chinesische Alterität. Wie verstehen Sie die radikale Weigerung von Ihrem Standpunkt aus, eine Alterität zwischen den beiden Welten zu postulieren, die doch als füreinander undurchlässig angesehen werden?

Die Konfrontation zwischen dem Weisen und dem Philosophen ist ein guter Ausgangspunkt, auch wenn dieser Gegensatz ein Vorurteil enthält, das man hinter sich lassen muss. Die chinesische Tradition hat in Wirklichkeit die Möglichkeit der Philosophie nicht verkannt, und, was man auch sagen mag, sie verkennt auch nicht die Möglichkeit des Begriffs. Die Vorstellung, dass die chinesische Sprache eher für die Dichtung als für die Philosophie geeignet wäre, weil sie einsilbig, isolierend und parataxisch ist, ist nicht richtig, oder zumindest nicht hinreichend. Denn am Ende der chinesischen Antike tauchten Verfahren der Begriffsbildung auf: anstelle von „Ritus" sagt man zum Beispiel „alles, insofern es Ritus ist", ein Verfahren, das durchaus mit den von der griechischen Sprache entwickelten Abstraktionsmitteln verglichen werden kann. Außerdem gab es auch in China Debatten: die Idee eines chinesischen Synkretismus, in dem die Denkrichtungen sich kaum voneinander unterscheiden würden und sich logisch nicht gegenüberstellen ließen, ist genauso falsch. Denn zwischen den Schulen gibt es Widerlegungen, zum Beispiel die Natur des Menschen betreffend, oder hinsichtlich der Beziehungen, die zwischen den „Wörtern" und den „Dingen" herzustellen seien; es gab im 4. Jahrhundert vor unserer Zeitrechnung in der Stadt Jixia sogar eine Akademie, wo die Philosophen dieser Zeit ihre Auffassungen miteinander konfrontierten. Am Ende der Antike ist China mit seinen rivalisierenden Fürstentümern ebenso verschiedenartig und mannigfaltig wie das Griechenland der Polis, und die Gelehrten können von Hof zu Hof gehen und ihre Lehren anbieten. Das Fehlen einer unserer philosophischen Entwicklung ähnlichen Entwicklung in China kann also weder auf rein sprachliche Gründe noch auf rein historische Gründe zurückgeführt werden. Das wird durch die Tatsache bestätigt, dass eine Schule wie die der Spätmohisten einen dem Wahrheitsbegriff der Griechen sehr ähnlichen Wahrheitsbegriff entworfen hat: identitäre, unzeitliche Wahrheit, die logisch bewiesen wird und unabhängig vom Subjekt ist. Aber man bleibt in einem begrenzten Milieu, das sich soziologisch sicher von dem der Gelehrten unterscheidet und das Kaiserreich nicht überlebt. Ihr Denken ist zweitausend Jahre lang bruchstückhaft, verschüttet geblieben, und man hat erst zu Beginn des 20. Jahrhunderts, als die Chinesen die westliche Logik entdeckten, mit seiner Rekonstruktion begonnen.

Man muss also verstehen, warum die Philosophie in China nicht wie in Griechenland *Fuß fassen* konnte, obwohl der Gebrauch von Begriffen und die Struktur der Debatte dort nicht unbekannt waren. Es reicht nicht, ist sogar sinnlos, zu sagen, dass die Chinesen einen „Sinn für das Konkrete" hätten; aber in China wurde eine andere Möglichkeit stärker ausgenutzt (die der griechische Intellektualismus seinerseits verdrängt hat). Die Art und Weise, in der Menzius[7] im 6. Jahrhundert vor unserer Zeitrechnung an den Debatten seiner Zeit über die natürliche Güte des Menschen teilnimmt, ist in dieser Hinsicht sehr aufschlussreich. Denn es handelt sich sehr wohl um eine philosophische Debatte im Sinne von sich gegenüberstehenden Standpunkten, die sich in dieser Konfrontation jeweils rechtfertigen. Wenn er sich auch zur Teilnahme an der Debatte gezwungen sieht, ist sich Menzius dennoch der Tatsache bewusst, dass eine solche Diskussion ihn vom „Weg der Weisen" abbringt, weil sie ihn dazu zwingt, in einer argumentativen, also widerlegbaren Form das als These zu formulieren, was eigentlich keine ist, sondern in jeder Erfahrung zutage tritt: dass es in uns eine Neigung zur Moralität gibt, die sich im Gefühl von Unerträglichkeit angesichts des Unglücks des Anderen offenbart. Er nimmt zwar an der Debatte teil, aber um sie einzugrenzen. Als Gaozi zum Beispiel die Anschauung ver-

7 Vgl. *Fonder la morale*, Paris 1996, Kap. V.

tritt, dass die Natur des Menschen weder gut noch böse sei, sondern nach Art des Wassers unterschiedslos nach links und nach rechts fließt, argumentiert Menzius nicht, sondern übernimmt das Bild seines Kontrahenten, indem er es umwandelt: fließt das Wasser nicht nach unten, statt nach oben? Die Natur des Menschen strebt nach dem Guten wie das Wasser nach unten, selbst wenn man seine Neigung behindern kann, indem man auf die Wasseroberfläche schlägt oder es mit einem Deich zurückhält. Menzius scheint sich also auf die Seite der Anhänger der These der natürlichen Güte zu schlagen, aber er weigert sich, ihr das zu geben, was wir einen grundlegenden Status nennen würden; und er verhindert den Irrtum, aber ohne zu polemisieren: weil jede polemische Widerlegung ebenfalls parteiisch ist, das heißt, dass sie eine Parteinahme in Bezug auf die Dinge ist, und dass sie ihrerseits zum Widerspruch auffordert, indem sie die einfache Erhellung der Erfahrung vernachlässigt und sich als These konstituiert. Diese Fähigkeit, in die Debatte einzugreifen, verbunden mit der Weigerung, auf sie hereinzufallen, ist typisch: sie bedeutet, dass das Wesentliche anderswo liegt, das es sich eher um den Hinweis auf den Weg handelt als um eine theoretische Erklärung, dass es über den Weg von Veränderungen seiner selbst erreicht wird, die nicht dialektisch sind. In diesem Misstrauen gegenüber der Debatte kann man nicht unbedingt eine Kritik der Philosophie sehen, denn das würde bedeuten, einer Antiphilosophie zu verfallen, die ebenso verachtenswert wäre wie jene, aber dem Weisen *vorbehalten.*

Sie betonen eine andere Dimension der chinesischen Weisheit: der Unterschied zwischen der philosophischen Allgemeinheit und der Gesamtheit der Weisheit.

In der Geschichte der Philosophie wird bekanntlich Sokrates die Idee der „Induktion“ zugeschrieben, die von der Besonderheit auf die Wesenheiten zurückgeht, sowie die Definition, *orthos logos*; und andererseits sind die dem Sokrates des Platon gestellten Fragen und die dem Konfuzius der *Gespräche* gestellten Fragen fast die selben: Was hat es auf sich mit der Tugend, mit dem Mitleid usw.? Konfuzius antwortet nun aber nie mit einer Definition. Auf dieselbe Frage antwortet er verschiedenen Gesprächspartnern jeweils anders, sogar widersprüchlich, manchmal gibt er gar demselben Gesprächspartner je nach Augenblick verschiedene Antworten. Sein Sprechen wird unaufhörlich situationsgemäß variiert, es ist evolutionär und den *jeweiligen Umständen angepasst* und kann so eine Ebene der Allgemeinheit darstellen, die die Ebene der Wesenheiten wäre. Aber seine Besonderheit ist auch nicht die Besonderheit des Beispiels, denn das würde bedeuten, dass man immer noch das Allgemeine illustriert oder es unterstellt. Es ist ein Hinweis, es stiftet gleichzeitig an und drückt einen Beginn aus, und es bringt ständig etwas auf den Weg: „Ich lüfte einen Zipfel, es ist an euch, die drei anderen zu lüften“, sonst mache ich nicht weiter.

Es wäre falsch, die chinesischen Texte so zu lesen, wie Hegel es getan hat, wenn er in ihnen einerseits die verschwommenste Abstraktion und andererseits die platteste Konkretheit am Werk sieht. Dazwischen gebe es nichts, sagte er, es fehle die Arbeit des Begriffs. Aber hier liegt die Beziehung nicht zwischen dem Besonderen und dem Allgemeinen, sondern zwischen dem Hinweisenden und dem Globalen. Gesamtheit: in ihrem impliziten Kern drücken die Worte des Weisen immer den *Fond* der Immanenz aus (des Wirklichen sowie der Moralität – des Himmels und des Weisen). Hinweis: in ihrer expliziten Besonderheit ist jede Äußerung ein Umweg, der durch den einen oder den anderen Seitenweg ständig Zugang zu diesem Fond verschafft. Es heißt, dass die Rede des Weisen am Anfang „niemals anders“ ist, „am Anfang gibt es nicht zwei Äußerungen“. Dieses *am Anfang* ist wichtig: denn während das definierende Sprechen die Universalität als seine Vollendung anstrebt, geht das hinweisende Sprechen aus ihr hervor; in dem einen Fall ist die Universalität das Ziel, im anderen die Quelle. Konfuzianische *Gesamtheit* oder *sokratische* Allgemeinheit; auf der einen Seite *Anpassung an die Umstände* und *Definition* auf der anderen: von dieser Verschiebung des Universalitätsmodus aus wird der Unterschied der Strategien erhellt; und die Ausdrucksweisen, die den Westen fasziniert haben, in der Art des Zen oder des Haïku, sind nur spektakulärere Inszenierungen dieser Funktionsweise. Der *Fond* der Immanenz manifestiert sich unaufhörlich, aber immer auf eine globale Art und Weise, also ohne hervorzustechen, sodass gerade nichts schwieriger zu erkennen ist als die kontinuierliche Evidenz der Immanenz. Außerdem kann man sie lokal entstehen lassen, auf hinweisende Art und Weise, und nicht um sie zu definieren, als ob es sich um ein Ansich oder eine Wesenheit handeln würde, sondern um ihrer bewusst zu werden und Zugang zu ihr finden zu können.

So sagt man, dass der Meister von vier Dingen befreit war: er hatte keine (bevorzugte) „Idee“, keine (vorbestimmte) „Notwendigkeit“, keinen (festgelegten) „Standpunkt“ und kein (besonderes) „Ich“. Wenn er, wie man sagt, „keine Idee“ hat, hat er nicht nur keine feststehenden Ideen oder haltlose Ideen, wie man es oft übersetzt hat (dafür braucht man nicht Konfuzius zu sein…), sondern es bedeutet sehr wohl, dass Konfuzius überhaupt „keine Ideen“ hat, das heißt, dass er das Wirkliche ohne bestimmte Absicht angeht und keine vorgefasste Vorstellung in es hinein projiziert. Oder um es anders herum zu sagen, jede (einem wichtige) Idee bedeutet schon eine Parteinahme, sie impliziert schon eine bestimmte Entscheidung innerhalb des Wirklichen, durch die wir seine Gesamtheit aus den Augen verlieren. Da er „keine Idee“ hat, hat der Weise im Gegenteil „keine Notwendigkeit“, es gibt kein „man muss“, das sich ihm kategorisch aufdrängen und im voraus das kodifizieren würde, was er tut; und da er „keine (willkürlich sein Verhalten vorbestimmende) Notwendigkeit“ hat, hat er folglich „keinen festgelegten Standpunkt“ (an dem sein Verhalten stecken bleiben würde); und schließlich, da er keinen festgelegten Standpunkt hat, hat er „kein besonderes Ich“: er ist nicht „frei von Egozentrismus“, wie man es übersetzt hat (man muss damit aufhören, diese Ausdrücke zu psychologisieren und zu moralisieren), sondern er hat keine fertige Meinung und keinen feststehenden Imperativ, und folglich „verrennt“ er sich in keinen Standpunkt, er hat auch nichts, das seiner Persönlichkeit *Eigenart verleihen* könnte. Die Kommentatoren haben übrigens bemerkt, was für einen logischen Kreis eine solche Äußerung darstellt: denn die Idee führt gewöhnlich zur Projektion von „Imperativen“, die uns ihrerseits dazu bringen, einen bestimmten „Standpunkt“ einzunehmen, und dieser konstituiert schließlich unser partikuläres „Ich“; aus diesem „Ich“ entstehen dann die „Ideen“, und der Kreis dreht sich weiter.Teufelskreis der Individualität: der Weise unterscheidet sich dem gegenüber durch die Tatsache, dass er sein Bewusstsein *auf der Stufe der Gesamtheit* zu halten weiß, anstatt es auf die Partialität eines *a priori* oder einer Idee zu reduzieren; sein Bewusstsein bleibt offen für den Immanenz*fond*, es wird durch seine *Verfügbarkeit* charakterisiert.

Anstatt seinem Verhalten von vornherein „Regeln" aufzuzwingen (die immer starr sind und der Erneuerung der Welt nicht gerecht werden, weshalb die chinesische Moral keine Gebote hat), *reguliert* der Weise sein Verhalten und kann sich dadurch dem Ablauf des Prozesses anpassen. Wenn er eine Typologie der Weisen aufstellt, unterscheidet Menzius einerseits die „Unnachgiebigen", die sich weigern, mit der Welt zu paktieren, und andererseits die „Angepassten", die immer bereit sind, sich zum besten der Welt der verschiedenen Angelegenheiten anzunehmen; aber der echte Weise gehört keiner Kategorie an, er kann sowohl so hart sein wie die Härtesten und so angepasst wie die Angepasstesten. Denn er ist fähig, dem zu entsprechen, was die Situation gemäß dem Moment erfordert: „Wenn man ein Amt annehmen muss, nimmt er es an, wenn man es niederlegen muss, legt er es nieder". Allgemein gesagt, kann er sowohl das eine als das andere Extrem sein, und das ist genau die kontinuierliche „Mitte" der Konfuzianer (und nicht das ängstliche „nichts im Übermaß" der Moralisten). Menzius hat eine sehr schöne Formel, um Konfuzius zu charakterisieren – die gleichzeitig auch die einfachste ist: Anstatt diesen oder jenen Aspekt der Weisheit zu illustrieren, sagt er, dass Konfuzius „der Moment der Weisheit ist". Während alle anderen diese oder jene Eigenschaft besitzen, sich auf die eine oder andere Seite schlagen, ist seine Eigenschaft gerade, keine Eigenschaft zu besitzen: er ist nur das, was die Situation jeweils in jedem Moment von ihm verlangt. Außerdem kann man nichts über ihn sagen, es sei denn, man käme auf die Fadheit zurück: die Weisheit ist fade, aber dadurch ist ihr Geschmack „unerschöpflich"; er ist ebenso unerschöpflich wie der des Wassers.

Die Strategie ist eine andere Illustration dieser unterschiedlichen Intelligibilitäten, der Gegenüberstellung vom Mythos der Aktion und der chinesischen Wirksamkeit.

Wenn er die Bilanz des europäischen Strategiedenkens zieht, stellt Clausewitz dessen Scheitern fest. Man hat den Krieg zunächst in rein materieller Form gedacht (Waffenausrüstung, Befestigungsanlagen usw.), dann mittels Modellbildung, insbesondere geometrischer. Sei es, dass man ihn auf einen technischen Aspekt reduziert, sei es, indem man von ihm eine Idealform bildet, aber damit hat man immer das Wesen des Krieges verfehlt, der, wie Clausewitz es sehr wohl erkennt, „ein lebendiges und reagierendes Phänomen ist". Wenn er derart kritisiert, dass der Krieg nach einem Modell gedacht wird, entkommt Clausewitz selbst allerdings auch nicht dieser Gewohnheit *(pli)*, und der Gegensatz zwischen „absolutem Krieg" und „wirklichem Krieg", von dem er ausgeht, wiederholt die Trennung zwischen Theorie und Praxis. Oder besser gesagt, wenn er auf ihn zurückgreift, dann letztlich, um umgekehrten Gebrauch von ihm zu machen: um die Originalität des Krieges gerade aus seiner Unangemessenheit heraus zu erfassen. Den Krieg kennzeichnet gerade diese unvermeidliche Distanz, die das Wirkliche gegenüber seinem Modell nimmt; den Krieg zu denken heißt im Grunde also zu denken, wie er dazu gebracht wird, seinen Begriff zu verraten. Clausewitz will nicht sagen, wie der Krieg zu führen sei, sondern nur wie der Kriegsführer zu erziehen sei, oder genauer, wie er sagt, ihm zu helfen, sich „selbst zu erziehen“. Selbst wenn er den „Kriegsplan“ denkt, kommt er ungewollt auf die Modellbildung zurück: Clausewitz ist sich also der Unmöglichkeit genau bewusst, den Krieg nach Modellen zu denken, und gleichzeitig illustriert er unsere Schwierigkeit, darauf zu verzichten.

Nun kann aber von chinesischer Seite die Wirksamkeit nicht von einer Mittel-Zweck- Konstruktion aus gedacht werden, so wie sie der Kriegsplan als Projektion einer Idealform impliziert, die der Wille in die Tat umzusetzen hat; sondern sie wird von der vorgefundenen Situation aus gedacht, deren *tragende* Faktoren so schnell wie möglich erkannt werden sollten, um sich von ihnen tragen zu lassen. Die Wirksamkeit kommt also aus dem Ablauf der Situation und nicht aus der Verkörperung eines Modells. Demnach wird der „Umstand“, der sich bekanntlich immer verändert, nicht mehr negativ als Unvorhergesehenes aufgefasst, das die festgelegte Strategie jederzeit zu vereiteln droht: denn er lässt sich im Laufe seiner Evolution vom Situationspotential gemäß unseres Interesses regieren. Er wird nicht mehr nur – und sogar überhaupt nicht mehr – aufgefasst als das, was „drum herum steht“ *(circum stare)*, also nebensächlich und unwesentlich ist (das begleitend, was das Wesentliche der Situation oder des Ereignisses wäre – und so auf eine Metaphysik der Wesenheit verweisend); sondern das Potential entsteht durch ihn – eben gerade als *Situationspotential*. Dieses Potential existiert als Potential nur umstandshalber, und man kann es erfolgreich nutzen, wenn man sich dem jeweiligen Umstand anzupassen weiß.

Und die Chinesen haben nicht gezögert, die extremsten Konsequenzen daraus zu ziehen, auch Konsequenzen, die unseren Humanismus schockieren würden. So seien die kriegerischen

Qualitäten, wie der Mut, selbst nur Folgen des Situationspotentials und keine persönlichen, dem Krieger innewohnenden Qualitäten. Der Stratege weiß, wie man die Krieger zwingt, mutig zu sein, indem man die Situation ausnutzt: Er weiß, wie man den Gegner um sein Situationspotential bringt und gleichzeitig, dass er ihn zum Beispiel nie in die Enge treiben darf, denn das würde bedeuten, ihn dahin zu bringen, mangels eines anderen Auswegs bis auf den Tod zu kämpfen; umgekehrt wird er alles tun, um seine eigenen Truppen in die Enge zu treiben, „sie auf ein tödliches Gelände zu führen", wie er sagt, und ihnen „die Leiter unter den Füßen wegzuziehen". Man findet bei Machiavelli eine *beiläufige* Bemerkung dieser Art Cäsar betreffend, der den Germanen einen Durchgang öffnet, während sich die Chinesen diese Idee voll zunutze machen. Daher ist sie bei ihnen deutlicher zu erkennen (gleichzeitig ist sie uns durchaus verständlich).

Während das strategische Denken in Europa auf dem Aleatorischen oder bestenfalls auf der Wahrscheinlichkeit errichtet wird und dem Zufall oder dem Genie einen wichtigen Platz einräumt, wird die Strategie in China in Begriffen von Unausweichlichkeit gedacht: Denn ist der Prozess einmal in Gang geraten, so kann er nicht von der eingeschlagenen Richtung „abweichen". Wenn ich in der Lage war, die günstigen Faktoren auszumachen und mich von ihnen tragen zu lassen, wird das Ergebnis nicht ausbleiben. Man braucht sich also weder auf den Zufall zu berufen noch zu Göttern zu beten. Das hat sehr wenig zu tun mit dem Krieg als „Kartenspiel", von dem Clausewitz sprach. Die chinesische Grundidee ist sogar, dass alles vor dem Beginn der Schlacht entschieden werde, und dass diese nur das Ergebnis eines Prozesses sei, der vom Beginn her bestimmt werde: „Die siegreichen Truppen sind diejenigen, die triumphieren, bevor sie den Kampf beginnen, die besiegten Truppen sind diejenigen, die den Sieg im Moment des Kampfes suchen." Denn der Sieger besiegt einen Feind, der *schon geschlagen ist*. Die Strategie besteht nämlich darin, die antagonistische Beziehung so entwickeln zu können, dass die Schlacht gewonnen ist, noch bevor sie überhaupt stattfindet. Das geschieht, indem der Gegner zur Passivität gezwungen wird und seine Kräfte verbraucht werden (wenn er gelassen ist, muss man damit beginnen, ihn zu reizen; wenn er geeint ist, damit, ihn zu entzweien usw.); daher diese Formel, die oft nicht verstanden wird: der große General erzielt nur „leichte" Siege, man hat weder seine „Hellsichtigkeit" noch seinen „Mut" zu loben. Die Schlacht war im voraus gewonnen, wie man sagt, um seinen Verdienst zu schmälern. Aber darin besteht ja gerade sein größter Verdienst: Er war so intelligent gewesen, die Situation die gewünschte Richtung nehmen zu lassen, indem er allmählich von Anfang an eingreift, dass er den Sieg „leicht" gemacht hat und man nicht daran zu denken braucht, ihn dafür zu loben. Die Wirksamkeit ist wieder einmal umso größer, je diskreter sie ist. Diejenigen dagegen, die den Sieg mit vielen Heldentaten erringen, diejenigen, denen man Denkmäler errichten will, sind nur sehr schlechte Generäle...

Über den großen General gibt es folglich also nicht mehr zu „sagen", als über Konfuzius zu sagen ist. Die Weisheit und die Strategie sind auf gleiche Weise diskret, ihre Wirksamkeit ist indirekt. So will man im Krieg den Feind weniger zerstören als *destrukturieren*. Es heißt, das beste sei es, sein „Gehirn" anzugreifen, dann seine Truppen, und erst als letzten Ausweg seine Befestigungen. Der in der westlichen Strategie so wichtige

Belagerungskrieg stellt den Nullpunkt der chinesischen Strategie dar, denn wenn man die Konfrontation blockiert, schränkt er unsere Initiative ein. Denn die chinesische Strategie beruht auf diesem scheinbaren Paradox: Einerseits handelt es sich darum, die Initiative zu monopolisieren, indem man den Gegner zur Passivität zwingt. Ich bleibe kontinuierlich beweglich, wach, reaktiv, während der andere allmählich nichts anderes mehr tut, als sich nach mir zu „richten"; aber andererseits schöpfe ich diese Initiative und diese Mobilität nicht aus meinem *Fond*, sondern daraus, dass ich mich unaufhörlich dem anderen anpasse – so wie das Wasser sich unaufhörlich vorwärts bewegt, indem es sich dem Gelände anpasst: Dank meiner Anpassungsfähigkeit bleibe ich offensiv, und so verausgabt sich der andere, der am Anfang durch die von ihm getroffenen Vorkehrungen die Kraft dazu liefert. Allgemein gesagt, wird die chinesische Wirksamkeit als Wirksamkeit ohne Kraftaufwand und ohne Risiko gedacht. Anstatt zu versuchen, das angestrebte Ziel in einer sowohl gefährlichen als aufwendigen Mittel-Zweck-Beziehung direkt zu erreichen, muss man dafür sorgen, dass *die Wirkung sich ergibt* (es handelt sich also um eine Bedingung-Konsequenz-Beziehung): indem ich zum Beginn zurückkehre, auf die Ebene der Bedingungen, wenn das Wirkliche noch geschmeidig ist und die Prozesse erst beginnen sich abzuzeichnen, greift man nämlich umso weniger ein, und die Wirkung, sobald sie in die Situation *einbezogen* ist, wird sich wie von selbst ergeben.

In welchem Sinn soll man verstehen, dass der Weise laut der taoistischen Formulierung „nicht handelt"?

Die Formel ist ausgezeichnet in ihrer Verkürzung, aber man muss sie zunächst vollständig lesen: „Nichts tun *und nichts soll nicht getan werden*“. Was ich hier mit der neutralsten Verbindung, einem einfachen „und“ übersetze, vereinigt in Wirklichkeit zwei Bedeutungen, die widersprüchlich erscheinen könnten – adversativ und konsekutiv. Man kann auch lesen: „nichts tun, *aber* nichts soll nicht getan werden“ oder „nichts tun, *derart* (so sehr) dass nichts nicht getan wird.“. Dieses „leere Wort“, das die beiden Satzteile verbindet, dient dazu, sowohl auszudrücken, dass die Gegensätze sich nicht ausschließen, als auch den Übergang des einen zum anderen; und bei dieser zweiten Bedeutung, die allerdings streng genommen keine Bedeutung mehr ist, begnügt es sich nicht damit, das erscheinen zu lassen, was als Ergebnis dem Vorangegangenen folgt, sondern führt zwischen beiden eine Dimension des Ablaufens ein und reproduziert – durch seine „Leere“ – die Zeit des Prozesses. Als Ganzes genommen, bedeutet die Formel also nicht nur, dass das Nicht-Handeln die Wirkung nicht ausschließt, sondern mehr noch, dass man die gewünschte Richtung am besten erreicht, indem man nicht handelt, das heißt, indem man sich davor hütet, durch sein Eingreifen die in der Prozesshaftigkeit der Dinge (das *tao*) eingeschriebene Neigung zu stören. Anstatt die Formel als einen Appell zu deuten, sich aus der Welt zurückzuziehen, wie sie allzu oft von einem mystischen Standpunkt aus gelesen wurde, muss man sehen, dass sie strategisch ist und die Wirksamkeit zu erreichen sucht. Aber eine Wirksamkeit, die den Ablauf der Dinge zu nutzen weiß, um die Wirkung entstehen zu lassen, anstatt direkt auf sie zielen: indem man sich auf die Logik der Immanenz als *Wirkung* verlässt.

Unserem Mythos der Tat, der mit dem Epos, der Erzählung der „Heldentaten" zusammenhängt, und der bei uns das Ideal des Heroismus nährte, stellen die Chinesen die Realität der *Transformation* entgegen. Der Weise handelt nicht – und das gilt auch für den Strategen –, er „transformiert". Der eine transformiert die antagonistische Beziehung zu Beginn des Gefechtes, der andere transformiert die Sitten seiner Zeit. Schon weil das Handeln in den Ablauf der Dinge eingreift, befindet es sich ihnen gegenüber immer in einer Beziehung der Einmischung, und da es eine gewisse Äußerlichkeit der Welt gegenüber nicht aufgibt, ist es ihr gegenüber immer in einer ziemlich heiklen Position. Außerdem greift es hier und nicht dort ein, es ist immer lokal und augenblicklich, seine Auswirkung ist punktuell. Da es willkürlich eingreift und isoliert ist, hebt sich dieses Handeln ab und ragt aus dem Ablauf der Dinge hervor, man bemerkt es: Es weckt Aufmerksamkeit für die Erzählung, man macht sie zum „Epos". Aber sein spektakulärer Aspekt ist nur die Kehrseite seiner geringen Auswirkung – seiner gleichzeitigen *Künstlichkeit* und *Oberflächlichkeit*. Die Transformation zeichnet sich im Gegenteil dadurch aus, dass sie weder (einem bestimmten Subjekt) zugeschrieben noch (an einem Punkt und zu einem bestimmten Augenblick) lokalisiert werden kann, sie läuft in der Dauer ab und an allen betroffenen Punkten: sie kann also nicht isoliert werden, sie hebt sich nicht ab und wird deshalb nicht gesehen. Man kann nichts über sie sagen. Zugleich diffus und diskret, ihr Ablauf ist kaum wahrnehmbar und nur ihre Folgen können angefochten werden. Nichtsdestoweniger wird die Realität von ihr gebildet: Man sieht sich nicht altern, man sieht den Fluss nicht sein Bett aushöhlen, und dennoch macht dieser kaum wahrnehmbare Ablauf die Wirklichkeit der Natur und des Lebens aus.

Wie sieht es dann mit der Historizität und dem Ereignis in China aus? Dieses der Erzählung fremde Denken des Ablaufens wäre auch a fortiori *dem Fortschritt fremd.*

Diese Aufmerksamkeit für den Transformationsprozess führt in der Tat zur Auflösung des Ereignisbegriffs. Es gibt kein Ereignis mehr, das aus dem Gang der Zeit hervorragt, es gibt nur noch die aufeinander folgenden Momente ihres Ablaufs. Die Historiografie ist für uns zumindest ursprünglich an das Ereignis gebunden, und wir haben erst vor kurzem die „lange Zeit" und die Langsamkeit der Mutationen „entdeckt". Während die Chinesen schon sehr früh ihre Aufmerksamkeit auf das lenkten, was sie „lautlose Transformationen"[8] nennen. Sie werden dadurch gekennzeichnet, dass sie zugleich global und progressiv sind. Als Wang Fuzhi im 17. Jahrhundert über die Gründung des Reiches im Jahre –221, dem Datum der chinesischen Geschichte par excellence, nachdenkt, zeigt er, wie politische und soziale Organisationsformen schon im Ansatz vorhanden waren, bevor sie vom Reich gutgeheißen und gefestigt wurden; und auch wie die alten Feudalformen, nachdem das Reich einmal gegründet war, dennoch wieder hergestellt wurden, allerdings auf eine immer verborgenere Weise, bis sie schließlich vollständig verschwanden. Es gibt kein Ereignis und dessen Ursache (immer noch unsere Metaphysik der Entität), sondern sich in kontinuierlicher Entwicklung befindende Situationen, die von Tendenzen gelenkt werden. Die Ten-

8 Vgl. *La Propension des choses,* Paris 1992, Kap. VII.

denzen, die der Stratege erkundet und der Historiker im Rückblick ausmacht. Im Vergleich zu ihnen ist das Ereignis nur ein Orientierungspunkt, selbst bei einem so grundlegenden Datum wie der Gründung des ersten bürokratischen Reiches der Welt: Das Ereignis ist Hinweis auf eine Gesamttransformation, so wie die Bemerkung des Konfuzius Hinweis auf die Gesamtheit der Weisheit war.

Die Transformation ist also ohne Fortschritt?

Die Regulierung strebt in der Tat nichts anderes als ihr eigenes Fortbestehen durch kontinuierliche Anpassung an. China kennt moralischen Fortschritt, aber als persönliche Erhebung bis zur Stufe der natürlichen Regulierung (die Höhe des Himmels), aber es stellt sich kein Ende vor, zu dem der Ablauf der Geschichte hinführen würde. Der chinesische „Weg", das *„tao"*, führt zu nichts hin, es ist nicht von einem Sinnstreben bestimmt (die Frage nach dem Sinn – einschließlich dem „Sinn des Lebens" – unsere alte westliche Frage und Leidenschaft); es ist ohne Teleologie. „Die Welt stirbt jeden Tag, die Welt wird jeden Tag geboren". Statt „Anfang und Ende" sagt man in China „Ende – Anfang", *(zhongshi)* das Ende ist gleichzeitig ein Anfang, jeder Augenblick ist ein Übergang. Deshalb wiederholt sich die Geschichte nicht und wird auch nicht von der Idee einer besseren Zukunft geleitet – sei es die der Form, in der die Macht sich endgültig vollenden würde, oder eines Reiches, das die Zeit abschließen würde.[9] Die Chinesen sind sich übrigens dieser Idee, die sie nicht haben, bewusst geworden, als Europa im 19. Jahrhundert in voller Stärke mit

9 Vgl. *Figures des l'immanence*, Paris 1995, Kap. VII § 6.

seinen Kanonen ankam: Der Fortschritt, die alte, so genannte „jüdisch-christliche“ Idee, die wir unaufhörlich säkularisiert haben, ohne dass es uns vollständig gelungen wäre. Sie glauben sogar, ihr die Dynamik zuschreiben zu müssen, dem der Westen diese wissenschaftliche und technische Überlegenheit verdankt, die sie mit voller Wucht erfahren. Deshalb nehmen sie Anleihe beim Marxismus, der der kürzeste Weg wäre, um ihren Rückstand aufzuholen und in diese Fortschrittsökonomie einzutreten. Diese Anleihe erklärt sich ebenfalls durch die bolschewistische Revolution vor ihrer Haustür, in einem Land, das China in Größe und Gesellschaftszustand nach äußerst ähnlich ist. Gleichzeitig war diese Anleihe möglich, weil sie bestimmten Aspekten des chinesischen Denkens entsprach, insbesondere der Idee des subjektlosen Prozesses, oder der einer sozial-ökonomischen Bedingtheit der Moral.

Muss man daraus auf ein Fehlen des Politischen schließen?

Wenn das Politische sich in China nicht als eigener Bereich entwickelt hat, dann sicher weil dort keine politischen Institutionen entwickelt wurden. Auf konfuzianischer Seite werden diese durch „Riten“ *(li)* ersetzt, die das Verhalten gemäß den Pflichten kodifizieren, die den verschiedenen Arten der sozialen Beziehungen eigen sind; und auf der Seite des Despotismus, der unrichtigerweise Legalismus genannt wird, die „Normen“ *(fa)*, die Belohnungen und Strafen festsetzen. Auf der einen Seite ist das Politische nur die Verlängerung der Moral, und die politische Ordnung verdankt sich dem guten Einfluss, der vom Fürsten ausgeübt wird; auf der anderen Seite verschmilzt es mit der Staatsmaschine und hat nur ein Höchstmaß an Macht im Auge. Dieses

Denken des Despotismus hat sogar – sehr früh, am Ende des chinesischen Altertums – zum ersten Modell des Totalitarismus geführt: lange vor der von Foucault erwähnten berühmten Panoptik von Bentham entdeckt es, dass die Macht über die Menschen von dem Wissen abhängt, das man über sie sammelt: Indem er alles von den anderen sieht, oder besser, indem er dafür sorgt, dass die anderen alles voneinander sehen und sich gegenseitig denunzieren, braucht ein echter Tyrann noch nicht einmal mehr anwesend zu sein, alles wird von selbst kontrolliert und der geringste Widerstand wird sogleich im Keim erstickt. Das ging soweit, dass das „Nicht-Handeln" auch als höchste Formel des Despotismus dienen konnte.

Die Moralisten und Theoretiker des Despotismus haben denselben Ehrgeiz: die Regulierung in der Gesellschaft gewährleisten, so wie sie in der Natur gewährleistet wird. China kennt nämlich nur folgende Alternative: „Ordnung"-„Unordnung", ohne sich eine andere Regierungsform als die des Königtums vorzustellen. Es hat dementsprechend keine politischen *Formen* konzipiert, wie wir das seit den Griechen getan haben, indem wir die verschiedenen möglichen Regierungsformen miteinander vergleichen (Monarchie/Aristokratie/Demokratie usw.). Deshalb gibt es in China zwischen moralischem Anspruch und Machtimperativ nichts: Es gibt kein „Recht", und China ist noch mit dieser Leere konfrontiert.

Haben die Menschenrechte in China eine Zukunft?

Ich komme auf das zurück, was ich zu Beginn sagte. Ich glaube, dass man sich vor zwei sich entsprechenden Naivitäten hüten muss, dem billigen Universalismus und dem gefährlichen

Relativismus. Oder besser gesagt, beide sind billig und gefährlich: die ethnozentrische Projektion oder der Rückzug in die Exotik. Denn wie kann man ohne weiteres den Begriff der Menschenrechte in einen Zivilisationszusammenhang projizieren, der so lange Zeit den Begriff des Rechts ignorierte? Der Ausdruck, der heute in China benutzt wird, um den Begriff „Recht" *(quan)* zu übersetzen, bedeutete sowohl Macht als auch einen Umstand, der ausschlaggebend ist. Ein wichtiger Begriff des chinesischen Denkens, wie Sie sicher feststellen konnten, der aber selbst nicht den Begriff des Rechts berührt – oder ihn eher ausschließen würde. Als man begonnen hat, Rousseau zu übersetzen, am Anfang des 20. Jahrhunderts, wurde der Rousseausche „Souverän" zunächst als der paternalistische Souverän der Konfuzianer verstanden... Wie hätte es auch anders sein können? Es gibt zu Beginn immer ein *Quiproquo*. Heute hat sich die europäische Idee der Menschenrechte durch allmähliche Anpassung ihren Weg gebahnt und die Chinesen, die darüber sprechen, wissen, was sie meinen: Eine neue Sinnschicht ist hinzugekommen, was beweist, dass man von einer Welt in die andere überwechseln kann und die relativistische Position widerlegt, die China für eine andere Welt hält, in der die Menschenrechte keinen Sinn haben und uninteressant sind. Seitdem die Chinesen sich dieser Möglichkeit bewusst geworden sind, begann sich ihr Anspruch bei ihnen aufzudrängen. Die Universalität ist nicht sofort gegeben, sondern *wird entdeckt* und setzt sich langsam durch.

Eine Reise nach China könnte zu dieser Entdeckung beitragen, während die aktuelle Globalisierung oft die gegenteilige Wirkung erzielt. Man beobachtet eine Art von Normierung und Verflachung des Denkens, das von westlichen Kategorien ausgeht, ohne deren Voraussetzungen zu kennen. Daher gedeiht in seinem Schatten eine Mystik des Unsagbaren. Und der „Orient" bekommt die große ausgleichende Rolle gegenüber einer von ihrer Unfähigkeit überzeugten Vernunft. Sie kennen diesen Gebrauch des *zen*, des *tao* usw; diese billige Ekstase, diesen ganzen Gemischtwarenladen voller Schund. Dass der europäischen Vernunft durch ihre Reisen klar wird, von welcher im Grunde doch sehr speziellen Geschichte aus ihr Universalitätsanspruch gebildet wurde (und dass sie nicht länger glaubt, dass er dem „notwendigen Werden" des menschlichen Geistes entspricht), sollte aber nicht zur Skepsis verleiten, sondern vielmehr dazu, sie aufzufordern, ihre Intelligenz für andere mögliche Intelligibilitäten zu öffnen und so ihre Fruchtbarkeit wieder zu beleben.

Für ein erweitertes Denken

Interview : Jean-Yves Jouannais und Laurent Quintreau

Sie bringen die westliche Logos-Tradition mit der chinesischen Weisheit in Kontakt. Worum geht es bei dieser Konfrontation genau?

Ich komme von der griechischen Philosophie her und muss so den Grund dieses Seitensprunges – zur chinesischen Seite – rechtfertigen. Ich hatte das Gefühl einer gewissen Vertrautheit mit der griechischen Philosophie, die mich daran hinderte, sie wirklich zu kennen. So habe ich eine distanziertere Position gewählt, um dieses griechische und infolgedessen dann europäische Denken in eine neue Perspektive zu bringen. Ich habe China gewählt, weil ich aus der indo-europäischen Welt und den historischen Bezügen herauskommen wollte; gleichzeitig brauchte ich ein ebenso klar formuliertes und kommentiertes Denken wie das griechische: nur China erfüllte diese drei Bedingungen. Es ging mir darum, ins Spiel zu bringen, was Foucault zu Beginn der *Ordnung der Dinge* eine „Heterotopie" nennt, d.h. im Unterschied zur Utopie, dass der Ort ein anderer ist. Da die chinesische Welt und die europäische Welt nichts voneinander wissen, zumindest war das noch bis vor kurzem so, muss ich jedes Mal eine Montage herstellen, um chinesisches und europäisches Denken miteinander zu konfrontieren. Daher hat mein Umweg über China nichts mit Sehnsucht nach Exotik zu tun, es ist mehr eine Frage der Methode. Die Methode, das Denken den Ort wechseln zu lassen, um andere Arten von Intelligibilität zu berücksichtigen, um durch einen Umkehreffekt die Ausgangsbedingungen der europäischen Vernunft zu hinterfragen. Es geht darum, „stromaufwärts" zur Philosophie zurückzukehren, um das neu zu befragen, was sie so stark assimiliert hat, dass sie es wie eine Evidenz mit sich führt. Ich fühle mich also nicht einfach stärker von China angezogen; und wenn China eine Welt des Wissens ist – die Sinologie ist ein echter Beruf – so ist es doch eine Welt, die ich als ein Denkwerkzeug benützen möchte.

Von innen gesehen besteht eine Tradition aus Spannungen, bisweilen sogar aus Brüchen: Jeder Philosoph sagt laut Bergson „Nein" zu dem Philosophen vor ihm, und Foucault stellt den Begriff der Tradition selbst in Frage, indem er die Art und Weise analysiert, in der eine Tradition sich durch Wechsel der *epistémé* unaufhörlich erneuert. Aber von außen sieht man nicht dasselbe wie von innen: von außen nimmt man eher die Wirkungen der Kohärenz und der Konsistenz wahr, die man von innen gar nicht ahnte – was dem Begriff der „Tradition" eine neue Gültigkeit verleiht. Außerdem kann man von China aus Abstand zur doppelten Quelle des europäischen Denkens, der griechischen und der biblischen gewinnen. Denn wenn die Philosophie sich in der Vergangenheit von der griechischen Philosophie-Tradition distanziert hat, dann wandte sie sich gleichzeitig der biblischen Tradition zu. So zum Beispiel Heidegger, wenn er an einer Dekonstruktion der Metaphysik arbeitet, oder Levinas, wenn er den Anderen denkt, oder auch Derrida. Deshalb gibt es diese die europäische Tradition kennzeichnende Spannung zwischen Gott und dem Sein, zwischen Glauben und Vernunft, die diesem Denken eine Dynamik verliehen hat. Einen Weg einzuschlagen, der über China führt, heißt diese „Reden des Ursprungs" hinter sich zu lassen, um sich anderen, ebenso originellen Reden zuzuwenden, die sich außerhalb des Kontextes der europäischen Denktradition entwickelt haben. Mit anderen Worten, es bedeutete für mich, um mit Nietzsche zu sprechen, dem Atavismus der Philosophie zu entkommen, und gleichzeitig der Kontingenz meines Denkens als dem eines denkenden Subjekts im späten 20. Jahrhundert.

Die Originalität ist ein für unsere spekulative Tradition charakteristischer Wert, ähnlich den Ansprüchen der Modernität in der Kunst. Was bedeutet Originalität für den chinesischen Denker, der die „unverbesserliche Banalität der Weisheit" beansprucht?

Bei dem Versuch, die Möglichkeit einer anderen Art von Sinn zu eröffnen, muss ich mit den Randbegriffen des europäischen Theorie-Diskurses arbeiten. Ich benutze also nicht unsere großen Philosopheme, sondern Begriffe wie „Fadheit", „Neigung", „Kongruenz", „Effizienz" usw. Diese Begriffe sind wenig konzeptualisiert und folglich verfügbarer. Durch die Montage, die ich in jedem Essay zusammen baue, werden sie so umgearbeitet, dass sie etwas vermitteln können, was ursprünglich gar nicht vorgesehen war. Diese Art, der Sprache Gewalt anzutun, ist ein Versuch, die Denkgewohnheiten aufzubrechen.

Es stimmt, dass Philosophieren bedeutet, anders zu denken, und die Größe eines Philosophen steht im Verhältnis zu diesem „anders", ein großer Philosoph ist man in dem Maße, in dem man anders denkt. Dagegen wäre ein Weiser jemand, der so denkt wie alle. Das heißt, alle Perspektiven des Denkens in sein eigenes Denken aufzunehmen, das Wirkliche immer entsprechend der ihm angemessenen Perspektive zu erfassen: Das nenne ich die Kongruenz. Was die Kunst angeht, so gibt es in der chinesischen Konzeption der Entwicklung eines Künstlers, besonders des Malers, durchaus die Vorstellung, dass er sowohl die Vorbilder nachahmen als sich auch von ihnen abgrenzen muss, um originell zu sein. Auch wenn die chinesische Kunstauffassung der Nachahmung, der Tradition, eine große Bedeutung beimisst, ermutigt sie doch den Künstler, einen persönlicheren Weg zu gehen.

Birgt die chinesische Weisheit nicht Gefahren, die mit dem Fehlen von politischen Stellungnahmen zusammenhängen? Alles kann berücksichtigt werden, folglich alle Extrempositionen.

Das ist in der Tat richtig. In der chinesischen Weisheitstradition gibt es in allen Schulen die wichtige Idee, die sowohl in der konfuzianischen Tradition im Bild der Waage als auch im Bild des Drehpunktes im Zhuang Zi (Tchouang-Tseu) ausgedrückt wird, nämlich die Idee: *Was heißt denken, ohne Stellung zu beziehen?* Es ist die Idee, dass ich parteiisch werde, sobald ich eine Idee vorbringe. Die chinesische Tradition entwickelt ein Denken aller Denkrichtungen, das allumfassend und nicht parteiisch ist, das alle Perspektiven einbezieht und deshalb nie Partei für eine Seite ergreift. In der Politik wirft das in der Tat Probleme auf: Ist man in der Politik nicht gezwungen, Stellung zu beziehen, *auf einer Seite* zu stehen?

Was nun die Philosophie betrifft, so wäre sie vom Standpunkt der Weisheit aus gesehen zur Partialität verurteilt: Sie argumentiert dafür oder dagegen, sie bildet Gegensätze, These gegen These. Tatsächlich ist sie eng mit dem antiken Stadtstaat verknüpft, dessen Logik, die der Partei gegen Partei, eine Logik der Konfrontation, der Auseinandersetzung ist. Während die Weisheit mich dazu ermutigt, nicht an meinen Ideen festzuhalten, muss man in der Welt der Politik an seinen Ideen festhalten. Es gibt in dieser Hinsicht also eine Schwachstelle oder einen blinden Fleck im chinesischen Denken: Der Weise blieb Diener des Fürsten und konnte keine Stellung einnehmen, von der aus Widerstand geleistet werden kann, er ist nicht der Intellektuelle, der es wagt, sich aufzulehnen und anzuprangern. Das ist übrigens etwas, das einem von China aus deutlicher vor Augen tritt, nämlich dieser Zusammenhang zwischen der Philosophie und dem antiken Stadtstaat, insbesondere zwischen der Stellungnahme und der Entwicklung von Denkmodellen. Denn um beratschlagen zu können, braucht man Vorbilder, und das ist etwas, das das chinesische Denken nicht kennt. In diesem Zusammenhang versuche ich aufzuzeigen, wie ein Denken aussehen könnte, dessen Ziel nicht die Wahrheit ist, oder das sich weigert, sich auf sie festlegen zu lassen, aber es gibt gleichzeitig einen Ort, an dem diese Offenheit des Geistes blind ist, und das ist der Ort der Politik.

Eine Regulierungsmoral

Gibt es keinen Widerspruch zwischen dem die Weisheit definierenden Fehlen von starren Prinzipien und den moralischen Befehlen eines Konfuzius, wie zum Beispiel das Mitleid der Kinder mit den Eltern?

Ich muss klarstellen, dass ich nicht die Vorzüge eines Denkens gegenüber denen eines anderen herausstelle; ich versuche nicht, das chinesische Denken zu „verkaufen“. Aber ich versuche, dessen Kohärenz zu erklären. Ich halte mich also an die Spielregeln dieses Denkens, um ein Höchstmaß von Wirkungen zu erzielen.

Ein in dieser Hinsicht wichtiges konfuzianisches Thema ist das Fehlen von Regeln, und ganz allgemein von Kodifizierung. Die chinesische Moral ist keine Regelmoral, sondern eine Regulierungsmoral. Die Regel hat scharfe Kanten, sie ist imperativ, restriktiv: Die Regulierung ist die durch Veränderung erzielte Harmonie. Konfuzius regt uns dazu an, unser Verhalten so zu regulieren, wie man beim Schattenboxen oder der Kalligraphie seine Atmung kontrolliert. Das chinesische Moraldenken ist also ein Denken ohne Gebote. Aber es sucht nichtsdestoweniger eine Begründung in dem, was wir die menschliche Natur nennen. Ich bin empfänglich für diese Offenheit des Geistes in Konfuzius' Axiom: *„Es gibt nichts, was ich vermag oder nicht vermag.“* Wenn ein Schüler sich darüber empört, dass Konfuzius aus politischen Gründen eine Kurtisane besucht, kann er antworten, dass es keinen grundsätzlichen Einwand dagegen gebe, dass alles „vom Moment“ abhänge.

In der seit der Antike bestehenden Typologie von Weisen findet man die beiden gegensätzlichen Kategorien des „Nachgiebigen“ und des „Unnachgiebigen“. Konfuzius sagt uns nun: „Ich bleibe offen“. Menzius sagt darum, dass es Menschen gebe, die die Unnachgiebigkeit der Weisheit seien, andere, die die Nachgiebigkeit der Weisheit seien, und dass Konfuzius einfach ihr „Moment“ sei. Er ist das, was dem Moment gemäß ist – jedem Moment gemäß: Wenn der Moment gekommen ist, ein Amt zu übernehmen, übernimmt er ein Amt, wenn der Moment gekommen ist, sein Amt niederzulegen, legt er sein Amt nieder, wenn es Zeit ist zu leben, lebt er, wenn es Zeit ist zu sterben, stirbt er... Das bedeutet allerdings in der Tat eine Unterwerfung unter Riten und soziale Konventionen, und der Taoismus hat darüber kräftig gespottet. Aber die konfuzianische Tradition rechtfertigt diese Haltung. Nehmen wir das Beispiel des Mitleids der Kinder mit den Eltern: Wenn Sie denken, dass das Leben nicht aus einer anderen, göttlichen Sphäre kommt, sondern dass es sich durch kontinuierliche Erneuerung vollzieht, erscheinen die Eltern als effektive Vektoren dieser Erneuerung des Lebens. Deshalb fordert die konfuzianische Tradition, die eigenen Eltern mehr zu lieben als die Eltern der anderen und nicht alles „gleichrangig" zu behandeln, insbesondere die sozialen Beziehungen. Die Rechtfertigung der Liebe zu den Eltern ist also nicht nur Konvention. Angemessen um die Eltern zu trauern, bedeutet diese kontinuierliche Individuation zu respektieren, die den Prozess alles Bestehenden ausmacht.

Waren die kynischen Philosophen in gewissem Sinn weiser als die chinesischen, da sie die Metaphysik ablehnten und keine schriftlichen Lehren hinterließen?

Aber auch Konfuzius hat keine Schriften hinterlassen. Seine Äußerungen wurden erst später „niedergeschrieben". Zur Zeit des Konfuzius, in der zweiten Hälfte des 6. Jahrhunderts vor unserer Zeitrechnung, wurde nichts schriftlich festgehalten. Die Frage stellt sich erneut für die Meister des Chan-Ze unter der Tang Dynastie vom 7.- 9. Jahrhundert. Es gibt bei den chinesischen Meistern der Weisheit die Idee, dass man sich nicht dem Geschriebenen unterwerfen sollte, nicht einmal dem Gesagten – nichts, was die Lehre zu etwas Erstarrtem macht. Ich zitiere

Konfuzius: *„Ich möchte lieber nicht sprechen."* Den Schülern, die dies beunruhigte, antwortete er dann: *„Spricht der Himmel? Die Jahreszeiten folgen aufeinander, alles Bestehende ist erzeugt, welches Bedürfnis hätte der Himmel zu sprechen?"* Es reicht aus, zu regulieren. Es bedarf keiner Offenbarung, keiner Botschaft. Daher stammen die starken Vorbehalte der Weisheit gegen den Diskurs und noch mehr gegen das geschriebene Wort.

Das cogito *als Idee der* res extensa *und der* res cogitans *steigert die Trennung zwischen Subjekt und Objekt bis zum Paroxysmus. War Descartes ein Beschleuniger der Anti-Weisheit?*

Es gibt zwar den Descartes der *Abhandlung über die Methode des richtigen Vernunftgebrauchs*, der uns allen im Gedächtnis ist, oder den der *Meditationen über die Erste Philosophie [Méditations métaphysiques]*, aber es gibt auch den Descartes der *Briefe an Elisabeth*. Descartes ist nicht nur das, was man gemeinhin als Cartesianismus ausgibt, nämlich eine Art von letzter Phase des Körper-Geist-Dualismus. Ich denke, dass Descartes selbst mehr ist als nur das. Man findet bei ihm, wenn auch weniger explizit, etwas dem Dualismus Entgegenwirkendes. Es ist richtig, dass es das europäischen Denken kennzeichnet, Dualismen geprägt zu haben, wie es so oft gesagt worden ist. Aber gleichzeitig hat es diese unaufhörlich überwinden wollen, und gerade das macht es so interessant. Es gibt oft nichts weniger platonisches als Platon selbst. Der Platon des *Timaeus* oder der *Gesetze* hat wenig gemein mit dem Platon des *Staat*. Mit Descartes ist es dasselbe. Und die großen Philosophien sind Orte des Widerstands gegen ihre eigenen Prinzipien.

Die Phänomenologie der Wahrnehmung *enthält die Beschreibung unserer Erfahrung ohne Berücksichtigung ihrer kausalen psychologischen Entstehung. Warum ist Merleau-Ponty kein Weiser geworden?*

Es stimmt, dass die Phänomenologie, vor allem die von Merleau-Ponty, eine Brücke nach China schlägt. Und zwar aus den von Ihnen genannten Gründen. Die Phänomenologie, insofern als sie sich aus einer bestimmten theoretischen Verstrickung zu befreien sucht, geht nach einer Logik von Öffnung ohne vorher festgelegte Auffassungen und Bestimmungen vor, die das chinesische Denken auf die ihm eigene Weise entwickelt hat. Das ist für mich das Interessante an der Phänomenologie. Sie ist nicht einfach eine bestimmte Sparte der Philosophie, sondern widersetzt sich der jeder Philosophie innewohnenden Tendenz, Schulphilosophie zu werden. Diese Rückkehr zu den Sachen selbst stimmt mit der das chinesische Denken kennzeichnenden geistigen Offenheit überein. Einer der Aspekte der westlichen Philosophie, der gegenwärtig die Japaner am stärksten anzieht, ist übrigens die Phänomenologie. Und Merleau-Ponty ist der Autor, der sie am meisten interessiert. Ich spreche hier nicht von China, weil die Phänomenologie dort noch sehr wenig bekannt ist.

Über die Quantenphysik

Ist die Weisheit nicht unvereinbar mit der Wissenschaft, die die Erfahrung bestimmenden Gesetze subsumiert?

Ein Aspekt des aus Griechenland stammenden westlichen Denkens ist die Modellbildung. Ich spreche darüber in meiner Abhandlung *Über die Wirksamkeit*: Die europäische Wissenschaft konnte sich dank ihrer Fähigkeit zur Modellbildung entwickeln, die zum großen Teil mit ihrer Mathematisierung zusammenhing. Auch wenn die griechische *epistémé* natürlich nichts gemein hat mit der *epistémé* der Renaissance. Meiner Meinung nach hat die Tatsache, dass das chinesische kein solches Stadium der Modellbildung kannte – obwohl es eine unendliche Fülle von technischen Erfindungen gab – die Entwicklung der chinesischen Wissenschaft verhindert. Und auch wenn man heute sagt, dass die moderne Physik in vielem mit dem chinesischen Denken übereinstimmt, so kann das doch nur in einer gewissen Hinsicht gelten: Die Entstehung der „modernen“ Physik war erst im Anschluss an die klassischen Physik möglich, auch wenn sie alles bisherige umgeworfen hat. Die klassische Physik war notwendig, um Zugang zur Quantenphysik zu bekommen. Daher stimmt es, dass die *Konzeptionen* der modernen Physik mit einigen *Intuitionen* des alten chinesischen Denkens übereinstimmen, aber auf der einen Seite haben wir eine Wissenschaft, die mit Hilfe von Modellbildungen arbeitet, also eine Mathematisierung mit all den ihr eigenen, auch technischen Auswirkungen. Und auf der anderen Seite haben wir nur Intuitionen des Denkens – die beiden dekken sich nicht.

Le Détour et l'Accès (Umweg und Zugang)*, der Titel eines ihrer Essays, könnte eine Definition der Esoterik als Praxis des Arkanums sein. Sie erwähnen nur die Figur der Pythia in Delphi, um die griechische Esoterik zu behandeln. Diese Esoterik er-*

streckt sich über mehr als 30 Jahrhunderte, von den ersten Kretischen Mysterien um 1500 v. Chr. bis zum theologischen Platonismus von Gemistos Plethon.

Sie haben recht, die griechische Esoterik stört die griechische Philosophie, auch wenn Platon für diese Esoterik offen ist.

Es ist mir wichtig festzuhalten, dass ich in meinem Dispositiv sowohl Griechenland als China entsprechend der verbindlich gewordenen Überlieferung betrachte, ich schwimme sozusagen mit dem Strom der offiziellen Version. Die Logik der Gegenüberstellung impliziert, dass ich auf griechischer Seite den Aspekt des „griechischen Rationalismus" stärker betone und auf chinesischer Seite stärker die „gebildete" Tradition. Außerdem äußere ich mich hier als Philosoph, und die Esoterik interessiert mich dabei nicht.

Jean-Pierre Vernant und Marcel Detienne erklären das Aufkommen des Logos mit der Notwendigkeit, die Zweideutigkeit des Mythos auszuschalten. Hat man mit dieser Hypothese alle Aspekte der Frage behandelt?

Vernant und Detienne haben ein Buch über die *Listen der Vernunft*, die *metis*,[1] geschrieben, und sie erkennen diese listenreiche Intelligenz in der Tiefe der griechischen Mythen. Mich hat es deshalb interessiert zu sehen, warum das griechische Denken die *metis* fallen läßt, sobald es explizit und zum Begriff wird. Man kann ihrem Buch vorwerfen, einen Gegenstand zu behandeln, der seine Substanz verloren hat. Im klassischen Zeitalter verschwindet sogar das Wort. Wenn ich einen Umweg über China

1 Les ruse de l'intelligence. La métis des grecs. Paris 1974

und seine strategische Intelligenz gemacht habe, so ging es mir also darum zu versuchen, eine Theorie dessen zu entwickeln, was Vernant und Detienne nur über Mythen, aus der Tiefe heraus, behandelt hatten – weil es keinen griechischen theoretischen Diskurs über die strategische Intelligenz gibt. Gleichzeitig misstraue ich Vereinfachungen. Es ist richtig, dass das griechische Denken die Dinge in „zwei Teile schneidet", indem es das Sichtbare und das Intelligible gegenüberstellt, und das verhindert sicherlich zum Teil die Entwicklung eines strategischen Denkens. Aber gleichzeitig versucht es unaufhörlich, diesen Bruch zu überwinden, und daher kommt seine Fruchtbarkeit.

Um nun Ihre Frage genauer zu beantworten, würde ich sagen, dass es in der griechischen Tradition ein entscheidendes Element gibt, nämlich die Rolle des *Mythos*. Eine Rolle, die man besser von China aus erkennt, denn in China existiert sie kaum. Bei uns wurden so viele Bücher über den Übergang „vom *Mythos zum logos"* geschrieben, um zu beschreiben, wie der Logos sich vom *Mythos* befreit, auch wenn er anschließend, wie bei Platon, wieder auf ihn zurückkommt. Denn da das griechische Denken philosophisch wurde, musste es einen Weg finden, mit der Zweideutigkeit umzugehen: die mythischen Erzählungen sind tatsächlich zweideutig. Das ist übrigens eine der Bruchstellen zwischen der Philosophie auf der einen Seite und der Sophistik auf der anderen Seite: Auf der einen Seite gibt es ein Denken, das im Namen des Widerspruchprinzips die Zweideutigkeit ausschließt, und auf der anderen ein von der Philosophie verdrängtes Denken, das sich der Meinung anzupassen und die Zweideutigkeit auszunutzen weiß (da die Philosophie auf die Ontologie gründet und die Sophistik eine Form der Logologie darstellt: in der mit der Rhetorik verbundenen sophistischen Tradition muss man bekanntlich die Zweideutigkeit ausnutzen). Das *notwendige* Auftauchen des *logos* als Weg, die Zweideutigkeit des *Mythos* auszuschalten, erscheint mir daher von China aus gesehen ein umso stärker hervorstechendes Merkmal zu sein, auch wenn das nicht alles erklärt; dasselbe gilt für die Art und Weise, in der die Griechen diese Beziehung zur Meinung klären mussten. Denn China hat sie nicht endgültig geklärt, sie brauchte es nicht: Der Weise entscheidet nicht zwischen dem, was die Wahrheit sein soll, und dem, was die Ordnung der *doxa* sein soll.

Denken Sie, dass nur die chinesische Kultur der Transzendenz entkommen ist?

Meiner Meinung nach ist sie der Idee der Transzendenz nicht entkommen. Aber es handelt sich um eine andere Art von Transzendenz als die „unsere“ („unsere“ europäische). Denn im Unterschied zu unserer im Wesentlichen biblischen Tradition sucht die chinesische Transzendenz, die des Himmels, nicht die Kluft zwischen der göttlichen und der menschlichen Sphäre zu vertiefen. Ich würde eher sagen, dass sie eine Totalisierung der Immanenz ist. Der Himmel ist die Summe *aller* ablaufenden Prozesse, und ich sehe immer nur einen Teil der Prozesse. Es gibt also etwas *Unergründliches*, das uns gerade durch seine Unergründlichkeit transzendiert, nämlich den Grund der Immanenz. „Transzendenz“ ist dann die Totalisierung der Immanenz und gleichzeitig ihre Verabsolutierung: Der Himmel ist nicht nur die Summe aller laufenden Prozesse, er ist auch dieses Ablaufen auf Hochtouren. Der Himmel läuft letztlich auf das hinaus, was unsere Natur ist. Oder genauer gesagt, er ist der *Grund* unserer Naturalität.

Ein Ortswechsel des Denkens: der Umweg über China

Interview mit François Ewald und Emmanuel Oppenheim

Was hat einen jungen Gräzisten wie Sie Anfang der siebziger Jahre nach China verschlagen?

Ich hatte beschlossen, einen Seitensprung nach China zu machen, Abstand vom europäischen Denken zu gewinnen und so wieder etwas Spielraum in der Philosophie zu finden. Mit anderen Worten, ich wollte Chinesisch lernen, um die griechischen Texte besser lesen zu können und zu versuchen, die vermeintliche Vertrautheit mit ihnen zu verlieren. Um hinter das zu kommen, was sie nicht sagen, ihre ungewollten Aussagen, und auch, um die Kohärenzen zu untersuchen, die sie tragen und die ihre Vorentscheidungen bilden. Ich suchte eine Position der „Heterotopie", so wie Michel Foucault sie im Vorwort der *Ordnung der Dinge* definiert: Ein „Ort", der einfach anders ist, ein *Anderswo*, das es mir ermöglicht, die Denktradition, aus der ich komme, in eine andere Perspektive zu setzen. Dafür bietet China einen wichtigen und vor allem radikalen Außenstandpunkt, der mit keinem anderen zu vergleichen ist.

Sie waren kein ausgesprochener China-Fan?

Es war tatsächlich nicht die Verlockung der Exotik, die bei dieser Entscheidung nach China zu gehen ausschlaggebend war. Sie war strategisch: Es handelte sich darum, erneut Zugriff auf die Philosophie zu bekommen, in ihr wieder Substanz und etwas den Einsatz Lohnendes zu finden. Nach dem Staatsexamen wollte ich eine Doktorarbeit über Aristoteles schreiben, aber das eilte ja nicht, schließlich gab es schon so viele, die das Thema behandelt hatten... Es schien mir damals am dringendsten, eine *Denkposition* zu finden, von der aus ich Distanz schaffen konnte, und so habe ich mich entschieden, *zwischen* China und Europa zu denken, indem ich bewusst mit unseren Denktraditionen brach. Sie können sich denken, dass diese Wahl mit Unbequemlichkeiten verbunden ist – frei gewählte Unbequemlichkeiten – denn es geht darum, einen Ortswechsel des Denkens vorzunehmen, gewissermaßen die Kategorien „in Unordnung" zu bringen, nicht nur unsere überlieferten Konzeptionen, sondern auch alles, was sie impliziert. Nun ist dieses „alles" aber unendlich. Ich wollte dies, um nach dem Umweg über China wieder zur europäischen Philosophie zurückzukehren und sie auf ihre verborgenen Optionen, ihre Vorentscheidungen, hin zu untersuchen.

Warum China und nicht Indien?

Indien steht am Ende unserer metaphysischen Erfahrung, China jenseits von ihr. Wir haben mit Indien eine große Sprache gemein, nämlich die indo-europäische. Außerdem haben wir zu der arabischen und der hebräischen Welt, die nicht zu unserem Sprachraum gehören, quasi kontinuierlich geschichtliche Beziehungen unterhalten; mindestens ein Teil des griechischen Wissens wurde uns von der arabischen Welt überliefert. Ich musste also eine Kultur finden, die der griechischen wirklich direkt gegenübersteht, ein ursprüngliches Denken, in dem man eine andere Emergenz des Denkens lesen kann: da bleibt nur noch China übrig. Die Arbeiten von *Dumezil* und von *Benvéniste* hatten übrigens klar gezeigt, dass man ständig von Griechenland nach Indien hinüberwechseln kann. Ihre Lektüre war bei meiner Entscheidung für China ausschlaggebend.

Ihre Wahl fiel auf China: Was wussten Sie denn von diesem Land?

Ich mache mir Pascals Satz aus den *Pensées* zu eigen: „Sie aber sagen, China verwirre den Verstand" „doch gibt es Klarheit hier zu finden, suchen Sie danach". Durch die Dunkelheit hindurch, in die uns der chinesische Text taucht, gibt es tatsächlich ein anderes Licht, das nach und nach erhellt. Pascal trifft hier den entscheidenden Punkt: die theoretische Fruchtbarkeit dieses „nicht-einzukreisenden" Denkens. Mit seiner gewaltigen Frage: „Wer ist glaubwürdiger: Moses oder China?" ist er einer der ersten, der den Nachdruck des Einwands gegen die europäische Denktradition hervorhebt, die der „Fall China" besitzt. Europa erleidet nämlich im klassischen Zeitalter ein Trauma, das heute vergessen ist: Die Begegnung mit China, und die Alternative zur westlichen Vernunft, die es darstellt. Als Europa zur Eroberung der Neuen Welt aufbrach, entdeckte es eine leere Welt... oder eine Welt, die es sogleich leerte: es bekehrte oder tötete diese nackten „guten Wilden", die an nichts glaubten, ohne dabei auf Widerstand zu stoßen. Aber kurze Zeit danach wandte es sich der anderen, der östlichen Seite zu. In China entdeckten die Missionare diesmal eine „volle" Welt: „Kanton ist größer als Paris", liest man bei ihnen mit gewissem Erstaunen. Und diese Welt leistete ihnen sogar Widerstand und offenbarte eine eigene Stimmigkeit. Diese Missionare mussten sich chinesisch kleiden, die Sprache der Gebildeten lernen, die klassischen Autoren beherrschen. Schon Montaigne irritierte es, dass außerhalb unserer Zivilisation eine andere Zivilisation existiert, die die unsere nicht kennt, die aber vielleicht besser und weiser ist: „Im chinesischen Reich, dessen Staatsführung und Künste, ohne Verbindung mit uns und ohne Kenntnisse von unseren Verhältnissen, unsere Leistungen in vielen Bereichen bei weitem übertreffen und dessen Geschichte mich lehrt, um wieviel weitläufiger und vielfältiger unsere Welt ist, als weder die Menschen der Antike sie sich, noch wir selbst sie uns vorstellen."

In seiner Folge sehen die französischen und europäischen Philosophen des 17. und 18. Jahrhunderts in China eine Art von wesentlichem Einwand, der einen Dialog mit China für sie unmöglich macht. China zwingt ihnen einen historischen Rahmen auf, den sie nicht begreifen können, man kann sich vorstellen, was für eine „Störung" dies bedeutete. Schlimmer noch, Montesquieu sagt im *Geist der Gesetze* etwas sehr Trauriges voraus: Das Christentum wird dort nicht Fuß fassen können! Für Leibniz schließlich sind die Chinesen wie „Leute von einem anderen Globus" und man könne bei ihnen viel mehr lernen als bei den Griechen oder den Römern.

Aber das stellt dennoch nicht die Philosophie in Frage.

Nietzsche beginnt damit, wenn er als Philologe erklärt, dass die Philosophie nur die in der Sprache enthaltenen Möglichkeiten entfaltet – die verschiedensten Philosophen nehmen daher der Reihe nach ihren Platz innerhalb eines „Grundschemas" ein. So wie „die sämtlichen Glieder der Fauna eines Erdteils"...

Das heißt, dass es in der Philosophie Ökosysteme gibt. Aber wodurch begünstigen sie die Möglichkeiten des Denkens?

Ich werde Ihnen ein Beispiel geben. Der erste Satz, den man im Chinesischen lernt, lautet: *Shi shenme dongxi?* Das heißt: „Was ist dieses Ding?" Wörtlich heißt es aber: „Was ist dieses Ost-West?". Das bedeutet, dass das, was wir einheitlich und isolierend ein „Ding" nennen, in China als Beziehung gedacht wird: Enthält diese erste Chinesischlektion nicht allein schon eine ungeheure Möglichkeit für das Denken?

In den siebziger Jahren hatte die chinesische Revolution einen nachhaltigen Einfluss, besonders an der Ecole normale supérieure*, rue d'Ulm, an der Sie Student waren. Sind Sie dem nicht erlegen?*

Als ich 1972 mein Studium in der rue d'Ulm begann, ging die Zeit Lacans und Althussers gerade zu Ende. Wir standen am Anfang einer intellektuellen Flaute. Meine erste Begegnung mit China fand 1974 statt: Die *Ecole* hatte eine der letzten dieser ideologischen Reisen organisiert, die damals in Mode waren, einige Monate nach der Reise von Roland Barthes und der Gruppe *Tel Quel*. Maos Tod 1976 hat das Trugbild zerstört und dieser Art von Reisen ein Ende bereitet, sie wurden abgelöst von Geschäftsreisen oder Touristenreisen, die heute Hochkonjunktur haben.

Sie sind am Ende der „Kulturrevolution" in China. Was war das für eine Revolution?

In Frankreich wird diese Revolution ganz falsch verstanden, gleichzeitig löst die von ihr hervorgerufene Begeisterung im Rückblick auch eine gewisse Sympathie aus. Aber da, wo die französischen Maoisten nur den Willen Maos sahen, die „Revolution" nicht im Revisionismus versanden zu lassen, hat dieser als Parteichef auch listig manipuliert und Liu Schao-tschi wieder entmachtet, der ihn nach dem Scheitern des großen Sprunges nach vorn aus der Führungsspitze entfernt hatte...

Wie sah Ihr Tagesablauf als französischer Student in China aus?

Die Tage verliefen im Rhythmus des „guangbo", des Lautsprechers. Um 6 Uhr 30 wurden politische Nachrichten und Gymnastik gesendet. Von 8 bis 12 Uhr hatten wir Unterricht, der hauptsächlich aus dem Lesen der Zeitung und dem Hören von Tonkassetten bestand. Kantine. Mittagsruhe. Der Nachmittag war „fuxi" und „yuxi" gewidmet, das heißt „wiederholen" und „vorbereiten". Um 18 Uhr Duschen und eine halbe Stunde später Abendessen. Wie im Krankenhaus. Stellen Sie sich vor, alles was ich so gern lernen wollte, wurde mir systematisch vorenthalten. Angefangen mit dem scheinbar Einfachsten: *lesen* lernen, das heißt, mehr als nur Formelsammlungen und offizielle Lehrbücher.

Aber ich war da, in diesem China, das hinter einem phrasenhaften Diskurs nicht mehr länger die Gewaltakte der Geschichte verbergen konnte, ebenso wenig wie die Monotonie des Tagesablaufes die ausgeübte Unterdrückung verschleiern konnte.

Worum geht es Ihnen philosophisch, wenn Sie so vorgehen?

Erstens geht es darum zu sehen, bis zu welchem Punkt ein Ortswechsel des Denkens führen kann. Die Philosophie sucht zwar ständig ihr „anderes", aber wo soll sie die Möglichkeitsbedingung für dieses andere und dessen Wirksamkeit finden? Denn es zählt nicht so sehr die Tatsache, dass das chinesische Denken „anders“ als unser Denken ist – am Anfang kenne ich es noch nicht –, sondern gerade der Zustand gegenseitiger *Gleichgültigkeit*, in dem sich das chinesische und das westliche Denken anfänglich und so lange Zeit befanden. Und zweitens, was noch wesentlicher ist, geht es darum, im Gegenzug die impliziten Grundlagen des europäischen Denkens ans Licht zu bringen, die verborgenen Kohärenzen, die es jenseits seiner unaufhörlichen und spannenden Revolutionen konstituieren, kurz, seine Vorentscheidungen – das, was ich seine *Gewohnheit (pli)* genannt habe. Dank des in China gewonnenen Abstands kann man den europäischen Sockel von Adhäsionen und stillschweigende Übereinkünfte untersuchen, die unter fortwährenden Brüchen seine Vernunft gewebt haben. Dabei vermeide ich zwei große Gefahren: einerseits den billigen Universalismus, dem zufolge die verschiedenen Philosophien sich ohne weiteres entsprechen und einen Dialog führen würden; andererseits den trägen Relativismus, der sich damit begnügt festzustellen, dass jeder für sich auf seine eigene Art und Weise denkt.

Es gibt noch einen anderen, meiner Meinung nach entscheidenden Punkt, um den es bei dieser Arbeit geht, der aber vielleicht in Wirklichkeit mehr ideologischer als philosophischer Natur ist: Es ging mir darum, der intellektuellen Normierung zu widerstehen, die durch die Globalisierung erzeugt wird und in Pidgin-Englisch ein denkbar plattes und langweiliges Denken produziert. Ich stelle fest, dass man nur aus einem Abstand heraus denken kann, und dass China den größten, *explizierten* kulturellen Abstand zur Verbreitung der westlichen Humanwissenschaften und den mit ihnen verbundenen Kategorien bedeutet. Man spricht heute oft vom Dialog zwischen den Kulturen, aber damit es zu einem „Dia-log“ kommt, muss es das *dia* eines Gegenübers geben. Nun bietet die chinesische Heterotopie die Möglichkeit eines solchen Gegenübers, wobei dieser Dialog gleichzeitig *logos* voraussetzt, das heißt, dass er auf Kohärenzen beruht und verlangt, den Weg für ein gemeinsames Intelligibles zu bahnen. Es ist klar, dass ich mich vor jeglichem Mystizismus hüte, der die Grundlage der Exotik bildet.

Was antworten Sie, wenn man sagt: „Wenden Sie die Methode von François Jullien an, wenn Sie die Globalisierung denken wollen“?

Ich antworte, dass man eine Normierung und Nivellierung des Denkens vermeiden muss, verhindern, dass es in einer Art Einheitsprache oder -brei aus indo-europäischen und vor allem christlichen Kategorien aufgelöst wird, die gegen sich selbst keinerlei Argwohn hegen und die allzu oft naiv exportiert werden. Kurz gesagt, man muss die Abstände wieder herstellen, an einem Dissidententum des Denkens arbeiten.

Aber besteht nicht die Gefahr der Auflösung, gar der Selbstauflösung Chinas in dieser weitgreifenden Globalisierungsbewegung?

Das ist eine offene Frage. Im Augenblick gibt es ein Nebeneinander der Kulturen: die chinesischen Restaurants liegen neben europäischen Restaurants, Arztpraxen, in denen westliche Medizin praktiziert wird, neben solchen, in denen chinesische Medizin praktiziert wird... Wie der Vorsitzende Mao sagte: „Man muss auf beiden Beinen laufen“, mit einem europäischen und einem chinesischen Bein... Wird man das Verschwinden kultureller Traditionen, wie die von mir untersuchte „Fadheit“ erleben, und noch allgemeiner, das Verblassen der chinesischen „Weisheit“? Jedenfalls ist sich China seiner Stärke wieder bewusst geworden, es ist stolz auf seine reiche Vergangenheit. Es dürfte sich daher nicht so leicht der Globalisierung unterwerfen. Allerdings muss noch eine kritische Arbeit geleistet werden, um seinem Denken eine Perspektive zu geben. Es ist unsere Aufgabe, dazu beizutragen.

Sie haben ein erschütterndes Buch von Liang Shuming[1] *herausgegeben: Darin geht es um einen chinesischen Intellektuellen in den zwanziger Jahren, der, tief betroffen von der vorübergehenden Unterlegenheit seines Landes, auf der Suche nach Anerkennung ist.*

Das Buch ist mir wegen seiner Aktualität sehr wichtig. In den zwanziger Jahren stand China an einem Scheideweg: in der anglo-amerikanischen Welt zu verkümmern oder durch Bewusstwerdung und Entfaltung seiner eigenen Kohärenzen wieder zu neuem Leben zu erwachen, ohne deshalb einem engstirnigen Nationalismus zu verfallen. Die Idee, dass China die Fruchtbarkeit seines Denkens wieder nutzen muss, nachdem es mit den europäischen Kategorien konfrontiert worden war, ist heute eine wichtige Idee.

Aber die chinesischen Intellektuellen, die diese Arbeit leisten könnten, leben nicht mehr in China.

1 *Les cultures d'Orient et d'Occident et leurs philosophies*, Liang Shuming. Aus dem Chinesischen übersetzt von Luo Shenyi. Vorwort von Léon Vandermeersch, Ed. P.U.F., Reihe *„Orientales“* des Institut Marcel Granet, Paris 2000.

Das stimmt. Sie sind in Paris – wo sie einen Nobelpreis für Literatur erhoffen können – oder an den amerikanischen Universitäten, wo sie besser bezahlt werden.

Welche Rolle spielt heute die chinesische Kommunistische Partei?

Sie spielt, wenn ich so sagen darf, eine „regulierende" Rolle. Sie bemüht sich darum, trotz der bekannten demographischen Probleme und Einkommensunterschiede, die Ordnung aufrecht zu halten. Die Kommunistische Partei übt die traditionellen Funktionen des Räderwerkes der Macht aus, wie zur Zeit der Herrschaft der Mandarine. Daher kommt die völlig abwegige Entwicklung, die sich vor unseren Augen abspielt: Eine von der Partei flankierte kapitalistische Bulimie.

Wird die wirtschaftliche Entwicklung die Frage der Demokratie nicht wieder in den Vordergrund treten lassen?

Im Westen stellen wir diese Frage immer wieder, besonders seit den Ereignissen vom Tien An'Men-Platz 1989. Europa, und vor allem Frankreich, hoffte auf einen „Frühling des Volkes". Aber vergessen wir nicht, dass es China vorrangig darum ging, die Armut zu besiegen und durch Reichwerden auf der internationalen Bühne immer einflussreicher und mächtiger zu werden. Die Frage der Demokratie ist nicht vergessen, sondern hinten an gestellt. Um Missverständnissen vorzubeugen: Natürlich bin ich für ein demokratisches China. Aber um die Demokratie zu errichten, genügt es nicht, einer Milliarde Chinesen einen Stimmzettel in die Hand zu drücken. Das erfordert eine Reflexion über die Möglichkeitsbedingungen der Demokratie, insbesondere über die

Überzeugungsfunktion und die Konfrontation der Diskurse, kurz, über alles, was von der Agora ausgehend den antiken Stadtstaat ausmachte und in Griechenland die Errichtung der Demokratie ermöglichte.

Sie sagen, dass die Revolution eine dem chinesischen Denken fremde Idee sei. Wurde sie nicht China vom Westen vermacht?

Zum ersten Mal in seiner Geschichte erlebt China am Ende des 19. Jahrhunderts eine Invasion, die des Westens, die Ausdruck einer wissenschaftlichen und technischen Überlegenheit ist. Zwar hatte China früher die Eroberungen der Mongolen und der Mandschus erlebt, aber die hatten kaum Auswirkungen auf seine Zivilisation. In der zweiten oder dritten Generation assimilierten sich die Eroberer, sie strebten selbst danach, chinesisch zu werden. Aber diesmal, aufgrund des Opiumkrieges, der gewaltsamen Öffnung der chinesischen Häfen, der ungerechten Abkommen, entdeckt das sich für die Zivilisation par excellence haltende China, dass es gerade vom Standpunkt der Zivilisation aus rückständig ist. Es entdeckt insbesondere bei seinen Invasoren eine Idee, die es bis dahin nicht entwickelt hatte, und die im Westen gerade ihren Höhepunkt erreicht hat, ohne jemals völlig säkularisiert worden zu sein: die Idee des Fortschritts. Denn China hat die Welt wie eine unaufhörliche Variation gedacht und nicht wie etwas, das zu etwas hinführt, zu einem Endziel (zum Staat Gottes, zum Paradies der Menschen...). Da übernimmt es die Idee des Fortschritts in ihrer radikalsten Form: dem Bolschewismus, der in dem Land, das China geografisch und in seinen sozialen und politischen Strukturen am nächsten steht, scheinbar erfolgreich war, nämlich in Russland. Sie wissen, mit welchem Eifer die Chinesen versuchten, diesem Vorbild zu folgen, und zu welchen Misserfolgen das zunächst führte. Man braucht nur *So lebt der Mensch* (München 1991) von André Malraux wieder zu lesen. Es war gerade Maos Stärke, daran erinnert zu haben, dass dieses Vorbild nur ein Vorbild war, und dass die von einem städtischen Proletariat ausgehende Revolution der Sowjets nicht unmittelbar auf das überwiegend ländliche China übertragen werden kann.

In seiner Geschichte der Philosophie *sagt Hegel, dass Konfuzius durch die Übersetzung, also dadurch, dass er bekannt wurde, viel von seinem Ruhm eingebüßt habe. Diese Aussage verweist auf die Idee, dass das chinesische Denken oft „verflacht" beim westlichen Leser ankommt. Wie soll man chinesische Texte lesen? Wie kann ein „rechtschaffener Mensch", dessen Beruf Weltoffenheit voraussetzt, China begreifen?*

Übersetzen reicht nicht, denn man muss mit unseren Ausdrükken immer auch die Möglichkeit eines anderen Sinns vermitteln, also mit Ausdrücken, die das Selbe bezeichnen. Man muss den chinesischen Wörtern Gewalt antun, sie bearbeiten, verraten und wieder korrigieren, sie anpassen. Die Übersetzung (des Textes) ist nur möglich, wenn es am Anfang eine Umarbeitung (der Kategorien) gibt. Dabei besteht die Schwierigkeit gerade darin, unseren Kategorien die chinesische Kohärenz zugänglich zu machen, ohne sie zu entstellen. Ich glaube, dass man einen chinesischen Text kennt, wenn man ihn praktisch auswendig gelernt hat, so wie es die Gelehrten tun. Der eigentlichen philosophischen Arbeit geht die Arbeit des Assimilierens, des Klärens voraus. Man muss also versuchen „chinesisch zu werden“ und gleichzeitig dagegen angehen, um die Texte auf ihre Aussage hin untersuchen zu können, und darüber hinaus auch auf das hin, was sie nicht sagen.

Was ist eigentlich das chinesische Denken?

Das ist eine unmögliche Frage. Gibt es ein chinesisches Denken? Macht es Sinn, die beiden Wörter so nebeneinander zu setzen? Wenn ich selbst diesen Ausdruck gebrauche, so tue ich das aus sprachpraktischen Gründen, oder um den Leser nicht zu verwirren. Denn in Wirklichkeit zitiere ich immer einen bestimmten Autor. Aber gehen wir dieses Risiko hier einmal ein... Um sich in das „chinesische Denken“ hineinzufinden, ist es wichtig, das Wirkliche in den Begriffen von „Prozess“ und „Regulierung“, von „Weg“ *(tao)* und „Gangbarkeit“ zu fassen. China denkt alles als „im Fluss“ befindlich, „in der Entwicklung“ begriffen, welche ihre Kohärenz hat. Es handelt sich aber dennoch nicht um ein Denken des „Werdens“, denn dieses setzt stillschweigend das Sein voraus, und es gibt in China keine Ontologie. Ob es um Weisheit, um Strategie geht, entscheidend ist, die regulierenden Kohärenzen wahrzunehmen, die eine Kontrolle über den Ablauf der Dinge ermöglichen. Ein Satz im *I-Ging* fasst diesen Gedanken zusammen, indem er folgende Selbstverständlichkeit formuliert: „Der Himmel ist oben, die Erde ist unten.“ Alles ist gesagt und doch nichts riskiert: Am Anfang des Wirklichen gibt es also keinen Einzelausdruck, das Sein oder Gott, sondern eine Polarität, aus der die Wechselwirkung entsteht, die unaufhörlich die Phänomene hervorbringt. Gleichzeitig impliziert diese Beziehung eine Wertachse – „oben“ und „unten“, auf der die Moralität gründet.

Sie haben letztes Jahr ein erstaunliches Buch veröffentlicht: De l'essence ou du nu (Paris 2000). *Nun gibt es aber in der chinesischen Kunst keine Aktmalerei...*

Diese Ausnahme ist eben nicht anekdotisch, sondern erhellend. Denn die Tatsache, dass es in der sehr reichen chinesischen Kunsttradition keine Aktmalerei gibt, verweist auf eine Unmöglichkeit, und diese erhellt wiederum die Möglichkeitsbedingungen der Aktmalerei in Europa, der wir das Fundament unserer Theorie des Schönen verdanken, und die anschließend die Grundlage für den Unterricht an unseren Kunstakademien bildete. Dieser Unterschied zu China impliziert also eine andere Formauffassung, er setzt stillschweigend eine andere Art und Weise voraus, den Körper zu betrachten: anatomisch oder energetisch. Er stellt die Modellbildung (die Schönheit als „Kanon") und die Schematisierung (die der Ideogramme) einander gegenüber; er wendet die Kunst in Richtung des Schönen oder des „Geistigen" usw. Sie sehen, was alles noch mit ins Spiel gebracht wird, wenn man diese Spur verfolgt: Hinter der europäischen Aktmalerei steht die Suche nach dem abstrakten An sich, des Wesens, kurz unsere gesamte Ontologie.

Sie haben gerade ihr Buch Du „temps". Elément d'une philosophie du vivre *veröffentlicht. Gehen Sie in diesem Buch auf dieselbe Weise vor?*

Das ist in der Tat dieselbe Arbeit, die ich auf einem anderen Umweg fortsetze, indem ich einen der wichtigsten Begriffe der Philosophie untersuche: die „Zeit". Denn China hat nicht die Zeit gedacht, sondern den Moment, der zunächst als ein jahreszeitlicher Moment aufgefasst wird, und die „Dauer" als dem Verlauf des Prozesses. Es hat die Zeit nicht gedacht, weil es weder wie Aristoteles die Bewegung der Körper in der Physik noch wie Plotin und Augustinus einen Status des Ewigen, welches das Gegenteil des Zeitlichen ist, gedacht hat, und weil die chinesische Sprache nicht konjugiert: Sie stellt die Zukunft, die Gegenwart und die Vergangenheit nicht einander gegenüber. Dafür wurde in China etwas gedacht, das die europäische Philosophie nicht gedacht und der Poesie überlassen hat: die Jahreszeit. Oder das, was in unserem Denken nur in sehr schwachen Begriffen vorkommt: die Opportunität und die Disponibilität. Nun hat aber China seine Weisheit von diesen Begriffen aus entwickelt.

Wenn Sie dem Begriffspaar Opportunität und Disponibilität via China eine theoretische Konsistenz geben, arbeiten Sie dann nicht daran, sich von der „Sorge" zu befreien, die Heidegger in Sein und Zeit *zur ontologischen Struktur des Daseins macht?*

Ich habe gezeigt, wie Heideggers Denken in gewisser Hinsicht mit dem chinesischen übereinstimmt: aufgrund seiner Einsicht in ein einheitliches, ursprüngliches „In-der-der-Welt-sein" und aufgrund der Erkenntnis, die sich an der „Dienlichkeit" orientiert, die das „Hantieren" führt – das chinesische *tao* – und die nicht an die Perspektive eines uneigennützigen Wissens gebunden ist, die seit den Griechen der Antike die Perspektive der Theorie ausmacht. Aber ich wurde auch dazu gebracht, das bei Heidegger zu erkennen, was von meinem in China gewonnenen Abstand aus eher ideologisch als phänomenologisch begründet erscheint. Die Heideggersche Konzeption des Daseins als einer „Geworfenheit" und folglich immer „im Entwurf" befindlich, steht ganz offensichtlich immer noch in der Tradition des großen hebräischen Dramas der Verlassenheit. Ich habe versucht, gegen diese Konzeption des Seins, das *„sich vorweg"*[dt. i. O.] ist, auf dem Weg zum Tod ist usw., die Opportunität des Moments anzuführen – wie die des jahreszeitlichen Moments – der das vermittelt, wozu uns die Welt anstiftet: ich verstehe die „Disponibilität" nicht von der Subjektivität aus (wie Gide das getan hat), sondern als diese Öffnung zur Okkurenzstruktur.

Dieses Denken der Disponibilität verleitet uns dazu, in der Gegenwart zu leben...

Ich habe gezeigt, wie das Leben in der Gegenwart für die Philosophie nicht zu denken war, und ich habe mich dazu entschieden, es durch das von Montaigne in den Essais vorgeschlagene „dem günstigen Augenblick gemäß leben" zu ersetzen. Worauf Menzius auf seine Weise antwortet, wenn er Konfuzius lobt: Konfuzius ist der „Moment" der Weisheit, heißt es einfach. Menzius sagt uns, dass der Weise nur durch seine Fähigkeit charakterisiert werden kann, dem Moment gemäß zu leben. China lehrt uns bewusst den Opportunismus; und Sie sehen, wenn die Disponibilität ein Begriff ist, der sich in Europa unserem Denken entzieht, so deshalb, weil sein Gehalt weder moralisch noch psychologisch ist.

Unterscheidet dies auch die Weisheit von der Philosophie und ihren moralischen Zwecken?

In China besteht die Weisheit ebenso wie die Strategie darin, mit dem Moment in Einklang zu sein; auf diese Weise stehen sie in Verbindung mit der Immanenz und können das „Nicht-Handeln" preisen. Die Weisheit gründet also nicht auf einer Subjekt-Objekt-Beziehung, auf die uns die Philosophie festgelegt hat, indem sie der Wahrnehmung den Vorrang einräumt. Die Disponibilität wird eher von der Bedeutung her gedacht, die man in China der Atmung beimisst. Denn die Atmung gehört ganz dem Moment an, ist kein Vorher oder Nachher; ihr Rhythmus wird vom Kommen und Gehen bestimmt, das den Ablauf des Prozesses ausmacht; und nicht zuletzt vermittelt sie am ursprünglichsten das „Drinnen" und „Draußen": Darin verwirklicht sich die „Öffnung" zuallererst...

Solchermaßen von der Atmung und nicht mehr von der Wahrnehmung auszugehen – und das auf der Ebene einer ganzen Zivilisation – ist das nicht das, was Sie eine Gewohnheit (pli) *des Denkens nennen?*

Sehen Sie nur wie viele Philosophien einander in Europa abgelöst haben, sich kritisiert, gegenteilige Gedanken vertreten haben, kurz, wie sie *alle* einen Neuanfang suchten und dennoch alle mit einer Philosophie der Wahrnehmung angefangen haben: ohne je zu denken – daran zu denken –, was eine *Philosophie der Atmung* als anderer möglicher Anfang für die Philosophie wäre.

Wenn Sie die Frage der Disponibilität auf diese Weise behandeln, und allgemeiner, diese „Elemente von Leben", wie Sie im Untertitel Ihres Essays Über die Zeit *schreiben, geraten Sie dann nicht in Gefahr, auf das Niveau einer Subphilosophie herabzusinken?*

Die heute immer stärker verbreitete Subphilosophie vernachlässigt die kritische und konzeptuelle Arbeit der Philosophie, um einem subkonzeptuellen Diskurs über „das Leben" zu verfallen, der mehr einer billigen Moralisierung ähnelt als einer theoretischen Anstrengung. Unter *infra-philosophisch* verstehe ich dagegen das, was zu Beginn der philosophischen Ausarbeitung den banalen gemeinsamen, *nicht-originalen* Grund bildet, der als solcher niemals vollständig artikuliert werden kann und aus dem jede neue Philosophie wie aus einer Quelle schöpft, von dem sie sich aber auch löst, indem sie ihre Eigentümlichkeit entwickelt. Wenn ich das chinesische Denken studiere, versuche ich, dieses Infra-Philosophische aus dem Schattendasein zu holen, zu dem die Philosophie es verdammt hat, und es ans Licht der Reflexion und des Begriffs zu bringen.

Sie scheinen recht allein zu sein in dem weiten Forschungsgebiet, mit dessen Erschließung sie begonnen haben...

Es ist richtig, dass ich von Seiten der Sinologen und der Orientalisten im allgemeinen nicht sehr viel Unterstützung bekommen habe, denn die begnügen sich meistens mit – nützlicher – Gelehrtheit, oder aber sie verfallen der Populärwissenschaft. Sie kümmern sich kaum darum, die Gegenstände eines Wissens zu konstituieren; umso leichter fällt es ihnen folglich, sich dem Denkrisiko zu verweigern. Bei ihrer Forschung kümmert sich die Orientalistik vor allem um den „Kontext" – und der ist unendlich – sie misstraut dem Begriff.

Was die Philosophie angeht, so befragt sie eigentlich nur das, was sie zu fragen bereit ist. Denn sie stellt ihre Fragen nicht so frei wie man glaubt; sondern tut dies entsprechend ihrer Entscheidungsgründe, oder besser gesagt, ihrer *Vor-Entscheidungsgründe*. Aufgrund der Vorurteile, von denen wir seit Descartes wissen, dass man ihnen misstrauen muss, unterschätzen wir vielleicht die Bedeutung dessen, was ich von China aus als ein *Vor-Begriffenes* und sogar als ein *Vor-Befragtes* wahrnehme. Unter dem von mir Untersuchten gibt es das, von dem aus man untersucht, und das man daher selbst nicht untersuchen kann – das, woran das Denken sich anlehnt. Mein Umweg über China sucht dieses im Denken Mitenthaltene von einer anderen Seite her zurückzuverfolgen.

Es stimmt, dass diese Arbeit im Alleingang entstanden ist. Aber bei meiner ersten Rückkehr nach Frankreich hatte ich eine Zeitschrift mit dem programmatischen Titel *Extrême-Orient – Extrême Occident* ins Leben gerufen. Und letztes Jahr habe ich an der Universität Paris VII das Marcel-Granet-Institut gegründet, das einen Beitrag zu diesem theoretischen Vis-à-vis der chinesisch geprägten Welt und Europa leisten soll.

Sie bezeichnen Ihre Arbeiten als „Essays". Nun verwandelt aber ein Essay im Sinn von Montaigne seinen Autor. Haben die chinesischen Texte Sie verwandelt?

Es handelt sich in der Tat um Essays, denn es sind ständig wieder aufgenommene und fortgesetzte Übungen. Für mich erfordert ein Buch immer ein anderes, das es von einem anderen Ende her weiterführt. Soviel Umwege wie möglich. Es handelt sich eher um Kapitel ein und desselben Buches als um verschiedene Bücher. Ich denke in den Begriffen von Maschenwerk und Netz, das zwischen China und Europa gespannt ist, um ihr jeweils Ungedachtes einzufangen. Was die Frage betrifft, ob das Lesen der chinesischen Texte mich verwandelt hat, so muss ich ehrlich sagen, dass ich sie nicht übermäßig spannend finde. Denn ich habe mich ja gerade ein Stück weit von der Frage des

Individuums und des Subjekts entfernt, an der der Westen sich weidet. Für mich ist dagegen die Aussicht auf ein Abenteuer des Geistes interessant – jeder Art von Geist: die überlieferten Teilstücke des Denkens neu zu bearbeiten, Zugriff auf sie zu bekommen und der Kontingenz seines Denkens zu entkommen. Eigentlich wollte ich in China dem Denken einen neuen Schwung verleihen, indem ich wieder eine theoretische Initiative ergreifen konnte.

Gespräche mit Thierry Marchaisse
„Asien ruft ein wachsendes Interesse hervor"
(Einführung in das 21. Jahrhundert)

Man braucht nur in die Zeitung zu schauen, um zu sehen, dass die Achse, um die sich fast alle Beziehungen zwischen China und Europa drehen, von nun an die ökonomische Achse ist. Man will unsere Technologien dorthin exportieren, man gründet joint-ventures *mit China, man bringt sogar neue Nachrichtenmagazine für eine breite Leserschaft und Investoren heraus, die ausschließlich Asien gewidmet sind, oder genauer gesagt: Ostasien. In einem ihnen gewidmeten Prospekt fand ich übrigens diesen erstaunlichen Satz, der unfreiwillig von unserem Jahrhundert einen Bogen zurückschlägt zu dem oft zitierten „China beunruhigt mich" der schönen Oriane de Guermantes: „Asien", so stand dort, „zieht die Aufmerksamkeit auf sich", „ruft ein wachsendes Interesse hervor"... Da es vor allem sein potentieller Markt und die erhofften Gewinne sind, die hier* wachsen, *versteht man, dass die Geschäftswelt sich schließlich immer mehr für diejenigen interessiert, die ihr als Vermittler dienen könnten, um in diesen großen Markt einzudringen.*

Beim Durchlesen der zahlreichen Porträts und Artikel, die in der Wirtschaftspresse über Sie erschienen, habe ich erfahren, dass Sie im Laufe der Jahre ein von den größten französischen Unternehmen hoch geschätzter „Berater" geworden sind; und vor allem, dass diese Unternehmen sich nicht nur an Sie wenden, um den chinesischen Markt anzugehen, sondern auch auf einer allgemeineren Ebene, um zu versuchen, ihre interne Firmenkultur und ihre Strategie „ neu zu denken". In einer kleinen, sehr eleganten Werbebroschüre, die mir neulich in die Hände fiel, habe ich sogar entdeckt, dass die Marketinggesetze Sie in eine Reihe mit Laure Adler, Luc Ferry, Comte-Sponville, Finkielkraut, Lipovetsky usw. stellen.

Worauf wollen Sie hinaus?

Darauf, dass einige sich vielleicht über diese Zusammenstellung gewundert haben – darunter auch Leute, die ihr Unternehmen für nichts geringeres als eine neue „kopernikanische Wende" halten, die auf ihre Weise das große Werk der Dezentrierung des Denkens „wieder aufgreift", das die Moderne definiert.

Larvatus prodeo – ich gehe maskiert vor.

Wenn ich Sie richtig verstehe, handelt es sich dabei um eine Art und Weise, ihre theoretischen Zwecke mit anderen Mitteln zu verfolgen... Jedenfalls hat eine solche Erfahrung als strategischer Berater von unseren modernen Fürsten den Vorteil, dass ihre Äußerungen hinsichtlich der Wirksamkeit und der Weisheit der Bewährungsprobe der Wirksamkeit und der Weisheit unterzogen werden.

Praktische Arbeiten

Vielleicht sollte ich damit beginnen, Ihnen zu erzählen, wie ich angefangen habe. Aufgrund eines in *Le Monde* erschienenen

Artikels, der den Untertitel meines zweiten Essays („Für eine Geschichte der Wirksamkeit in China") betonte, wurde ich von einer Beratergruppe angesprochen.[1] Sie sagten mir: „Wir verkaufen ja gerade Wirksamkeit... Sie interessieren uns".

Man kann sich das Lächeln von Foucault vorstellen. Denn Ihr Buch ist in seiner Buchreihe mit dem seriösen Titel Des travaux *erschienen, eine wissenschaftliche und ausgesprochen nüchterne Reihe.*[2]

Ich glaube, ein verständnisvolles Lächeln, so wie es sich auf den Lippen Buddhas andeutet... Denn gegenüber diesem ganz anderen Publikum, musste ich eben.... in meiner „Arbeit" noch weiter gehen. Im Anschluss an diese Erfahrung hatte ich die Frage der Wirksamkeit auf konzeptuellere Weise neu zu behandeln, das heißt, ich musste den *möglichen* Gegensatz stärker ausarbeiten: insbesondere den zwischen der europäischen Art der Modellbildung und der „chinesischen" Art, sich auf das *Situationspotential* zu stützen.

Ohne den Umweg über die Welt der Unternehmen hätte ich *La Propension des choses* (Die Neigung der Dinge) nicht so umschreiben können bzw. müssen. Denn Sie können sich denken, dass man bei dieser Art von Erfahrung Federn lässt. Ich habe wieder eine gewisse Unbequemlichkeit gesucht. Gegenüber den Managern und Unternehmensleitern ist es in der Tat ganz einfach unmöglich, unsere akademischen Gepflogenheiten und üb-

1 Roger-Pol Droit, „Paradoxes de Chine", *Le Monde*, 14. Februar 1992.
2 Diese Reihe geisteswissenschaftlicher Forschung wurde im Seuil Verlag von Michel Foucault, François Wahl und Paul Veyne gegründet. Sie wird zur Zeit von Paul Veyne und Alain de Libera herausgegeben.

lichen Bezugssysteme ins Spiel zu bringen – seien sie nun philosophisch oder sinologisch. Daher gibt es eine Art von fruchtbarer Mittellosigkeit des Denkens, weil *jede* Aussage, *jede* Frage radikalisiert werden muss, und man zwangsläufig umso deutlicher wahrnimmt, worum es wirklich geht.

Theoretische Wirkungen?

Wenn ich Sie richtig verstehe, handelt es sich nicht darum, die Dinge populärwissenschaftlich darzustellen, sondern stärker zu theoretisieren.

Das Firmenpublikum ist ein Publikum, dass sich keine schönen Worte leistet, es ruft uns zur Ordnung. Zur Ordnung des *Konkreten*, wenn ich so sagen darf. Und das ist sehr gesund: Wenn es etwas nicht interessiert, braucht es Ihnen das nicht einmal zu sagen und sich zu rechtfertigen, es geht einfach. Wenn Sie nämlich auch nur eine Frage in ihrem sinologischen oder philosophischen „Kokon" eingewickelt lassen, dann ist der Saal nach zwei Minuten leer...Die erste Herausforderung ist also: „ Kann ich die Frage jedes Mal aus einem solchen Kokon befreien, und derart entwickeln, dass deutlich erscheint, was auf dem Spiel steht? Die zweite ist nicht: „Kann ich in die Praxis umsetzen, was ich theoretisch konstruiert habe (im Sinn von anwenden)?", gemäß unserer alten Kopplung, die, wie Sie zugeben müssen, hier kaum von Interesse ist, sondern vielmehr: „Kann ich von den herausgearbeiteten Kohärenzen Gebrauch machen und bis zu diesem Stadium verlängern, das heißt, ihre Wirkungen entfalten?"

Aber wenn es sich hier nicht mehr darum handelt, „anzuwenden", nachdem man ein theoretisches Modell entwickelt hat, also innerhalb des Konkreten das zu verdoppeln, was ihr abstraktes Modell sein soll, was entspricht dann dieser Form von „Entfaltung"? Dem Weiterverfolgen der Wirksamkeit, so wie sie bereits *vom Denken begonnen wurde?*

Es handelt sich darum, das vom Denken begonnene Projekt fortzusetzen, und das bis zum Stadium von äußerst objektivierten und einengenden Beziehungen, nämlich den ökonomischen Beziehungen.

Sich mit der Geschäftswelt einzulassen, bedeutet nichtsdestoweniger einen Abstieg für das Denken, einen Abstieg in eine prosaische Welt.

Nein, es ist die Bewährungsprobe des Denkens. Denken Sie an *Wilhelm Meisters Lehrjahre* oder an Platon auf Sizilien.

Dem ist das ja nicht so gut bekommen...

Dennoch muss man aber gerade diese Art von Risiko eingehen, wenn man *behauptet* zu denken.

Ist es auch schon vorgekommen, dass Sie hinausgeworfen werden?

Es gibt die, die schon „dort waren", und die anderen, wobei erstere natürlich empfänglicher sind: Weil sie in China beim Abwickeln der Geschäfte auf dieselben Schwierigkeiten gestoßen sind, mit denen wir uns während dieser Gespräche beschäftigt haben – die die anderen zu verstehen glauben, und in gewissem Maße auch tatsächlich verstehen, aber von denen sie nicht die geringste Vorstellung haben... Da die ersteren Unvorhergesehenes erlebten, sogar Ablehnung und Misserfolg erfuhren, da sie mit Situationen konfrontiert waren, denen sie nicht mehr gewachsen waren, jedenfalls nicht mit ihren Management-Techniken, kurz gesagt, da ihnen die Kontrolle entglitten war, gibt es bei ihnen eine große *Nachfrage* nach Theorie. Denn sie haben gemerkt, dass der so genannte chinesische „kulturelle Unterschied" sich nicht einfach mit den Rezepten der Akkulturation verringern lässt.

Bei welchen Problemen vermitteln Sie gewöhnlich?

Von China Enttäuschte oder „alte Freunde"

Bei Problemen, die den Diskurs betreffen, der jeweils frontaler oder schräger verläuft, und das auch bei der Verhandlung. Also in Bezug auf die Strategie und die Wirksamkeit. Aber auch hinsichtlich der „Zeit", Revolution oder Regulierung usw. Aber auch bei Fragen der „Ethik" – ich übernehme den griechischen Ausdruck, der eine Rubrik der Philosophie darstellt. Eine der Fragen, die sich die meisten meiner Gesprächspartner stellen, lautet nämlich: „Wie kann man sich mit ihnen verständigen?" Anders gesagt: „Welche Werte teilen wir?" Denn viele kommen enttäuscht aus China zurück und sagen: „Es ist unmöglich, sie sind nicht zuverlässig usw." Sie waren mit der Vorstellung dorthin gefahren, dass sie auf Anhieb erfolgreich sein würden. Ein großer spektakulärer Streich: der dicke Auftrag. Nun funktioniert das aber nicht „so". Selbst wenn alles unterschrieben ist, wenn der selbstsicherste oder sogar der vorsichtigste europäische Verhandlungsführer allen Grund hat zu glauben, dass es diesmal geklappt hat, kommt unweigerlich die Enttäuschung. Nicht gleich, aber anschließend, etwas später… Ich versuche also zu zeigen, was die chinesische Idee bedeutet, dass die wirkliche Wirksamkeit immer diskret und progressiv ist: dass man *lao pengyou*, „alte Freunde“, werden muss, wie man auf Chinesisch sagt, um miteinander ins Geschäft zu kommen. Das impliziert eine Beziehung, die sich auf der Grundlage von „Vertrauenswürdigkeit“ entwickelt – die von der Sympathie oder der Aufrichtigkeit unterschieden werden muss, da eine solche *Vertrauenswürdigkeit* einen Prozess erforderlich macht: Weil zwischen uns etwas abgelaufen ist, weil wir durch die täglichen Reibungen und selbst durch die Interessenkonflikte hindurch tatsächlich zusammen gewirkt haben, wurde in der Situation, oder genauer gesagt: auf der Ebene der Situation, schrittweise etwas erworben. Man ist zu Partnern geworden, es haben sich Pole gebildet – dabei ist allmählich im Laufe des Prozesses eine Konsistenz entstanden. „Alte Freunde“ meint: Man ist ein Stück Weg zusammen gegangen. Unsere Beziehungen werden sich allmählich darauf stützen können; auf diese Tatsache kann man von nun ab bauen.

Ortswechsel und Erschütterung der Gewohnheiten

Ich verstehe, dass man sich an Sie wendet, um über Chinas Intelligenz zu sprechen, aber um über die „Zeit“ zu sprechen?…

Die große Idee, die heute die Firmen umtreibt, ist die Idee, dass es gut ist, in seinen Gewohnheiten erschüttert zu werden; und dass ihr Mangel an Initiative und Leistung daran liegt, dass sie es sich in ihrem Denken zu bequem eingerichtet haben. Wie kann man dem vorherrschenden Denken, dem so genannten „Einheitsdenken“ entkommen? Deshalb holen sie mich: Über den Ortswechsel nach China suchen sie die Erschütterung der Gewohnheiten.

Das kommt ja wie gerufen, denn das ist der wichtigste Beweggrund für ihre Arbeit. Fast zu gerufen für jemanden, der die Unbequemlichkeit sucht... Aber folgt man Ihnen denn bis in die letzte Konsequenz?

Wenn ich ein längeres Seminar halte, rechne ich vom Ende des ersten Tages an damit, dass die Teilnehmer sagen: „Hören Sie auf, wir können nicht mehr!“ Das ist der Augenblick, in dem plötzlich der ganze Sockel der Evidenzen wackelt, die die Grundlage unseres Geistes ausmachen, weil sie so lange angehäuft wurden, bis sie – bei ihrer Sedimentierung – Überzeugungen bilden, die nie hinterfragt werden. Wenn ich zum Beispiel zeige, dass alle unsere Verfahren der Modellbildung und der Beratung, von Wirksamkeit und Konfrontation (Wirksamkeit durch Konfrontation) untrennbar mit den Ideen von Freiheit und Demokratie verbunden sind, und mit diesen zusammen eine der großen Kohärenzen des europäischen Denkens bilden. Denn von dem Moment an reicht es, an dem einen oder anderen dieser Fäden zu ziehen und alles gerät ins Wanken...Natürlich soll ich gerade das tun; aber gleichzeitig bedeutet das eine *solche* Erschütterung des Gewohnten, dass manchmal eine Art verzweifelter Hilferuf erschallt : „Wie hart werden Sie dieser Kohärenz noch zusetzen?“ „Muss man die Demokratie selbst in Frage stellen?“ usw.

Schonen Sie die Teilnehmer also?

Einen gewissen „Fundamentalismus" der Vernunft ins Wanken bringen

Die Erschütterung ist im Gegenteil um so heftiger, als ich ihnen meine philosophische Strategie aufzwinge und mich von vornherein weigere, diese Abweichungen von unserer Denktradition der Figur des immer mehr oder weniger mythischen „Anderen" zuzuordnen – als ich von Anfang an jeden exotischen, das heißt phantasmatischen Gebrauch des „Orients" unterbinde. Ich schlage ihnen dagegen vor, mit mir zusammen unsere Denkkategorien neu zu fassen: China zu benutzen, um deren innere Zusammenhänge zu ergründen – die innerhalb unserer Kultur allerdings verborgen werden – und dabei gleichzeitig unsere Reflexion für andere Intelligibiltäten zu öffnen. Deshalb kommt es übrigens zu einer *echten* Erschütterung des gewohnten Denkens: Ich schlage ihnen kein China vor, dass Lektionen erteilt, oder von dem man schlauerweise Rezepte übernehmen könnte.

Im Grunde besteht die Funktion ihrer Äußerungen und sogar ihre Existenzberechtigung darin, einen gewissen Fundamentalismus der europäischen Vernunft ins Wanken zu bringen. So wie man vom religiösen „Fundamentalismus" spricht.

Und ich nehme diese Form von spezifischem Fundamentalismus in den Unternehmen umso deutlicher wahr, als die Führungskräfte – im Unterschied zu den Hochschullehrern, die immer vorsichtiger und nicht so unbefangen sind – einem leicht ihr *Credo* vorbeten.

Wie gehen Sie vor?

Ich habe schon angefangen, es Ihnen zu sagen. Ich mache lieber Seminare, die sich über zwei Tage erstrecken: mindestens einen Abend und einen Morgen. Dann kann man darüber schlafen, eine Nacht verstreichen lassen...die Dinge können beginnen, sich abzuklären – man kann „die Immanenz spielen lassen". Ein Prozess muss stattfinden – Sie sehen, woher ich diese Pädagogik nehme...

Jetzt verstehe ich auch besser, inwiefern diese Erfahrung mit den Unternehmen fruchtbar für Sie war. Indem Sie sich zwangen, sich einem anderen Zuhörerkreis zu öffnen, hat dieser Ihnen im Grunde zugleich die Möglichkeit zu einem Diskurs gegeben, der der großen Alternative zwischen Populärwissenschaft und Fachwissenschaft entkommt. Dabei handelt es sich aber um einen Gewinn, der durchaus nicht so sekundär ist, wie es scheinen mag. Denn was ist eine solche Form von „diskursivem Fluchtversuch" anderes als eine wirkliche – wenn auch immer zerbrechliche und unzeitgemäße – Wiederbelebung des alten Traums, den man „die Philosophie" nennt?

Ich habe Ihnen gesagt, wo ich den Ausweg zwischen diesen beiden Klippen sehe: in der Extraversion des Denkens *und* der Radikalisierung der Theorie, da beide zusammen gehören. In dieser Hinsicht sind unsere Gespräche nur die Verlängerung dieses Extraversionsversuches „in der Praxis". Denn auch hier handelt es sich weder darum, ein sinologisches Fachwissen zu referieren, noch das anzuwenden, was an anderer Stelle theoretisiert worden ist, und erst recht nicht darum, populärwissenschaftlich zu werden, sondern die Denkzusammenhänge zu extravertieren – indem man sich gemeinsam dazu zwingt, in diese einzutauchen.

Wir unterhalten uns nun schon seit mehreren Monaten, ohne dass ich gedacht hätte, dass meine Unkenntnis Chinas ein Handicap oder auch nur den geringsten Nachteil darstellen könnte... Nun bringen Sie mich aber dahin, zu denken, dass es einen Punkt gibt, den ihre Kritiker, besonders die Sinologen, mit Sicherheit aufdecken werden, nämlich dass ich keiner bin, dass Sie also leichtes Spiel haben!

Meinen Sie? Das Gegenteil wäre doch leichter gewesen, so leicht, dass das ganze Unternehmen absurd würde. Denn wenn Sie ein Sinologe wären, oder auch nur ein gewisses Wissen über China hätten, dann hätten wir uns in unserem stillschweigenden Einverständnis gesonnt. Wir hätten uns unterhalten und ohne viele Worte, durch Andeutungen, verstehen können, ohne hervorheben zu müssen, und somit ohne zu konstruieren und zu denken. Was wäre dabei herausgekommen? – Nichts. Auf jeden Fall nichts, das einem echten *Dia*-log oder einem echten *Inter*-view ähneln würde.

Vergessen wir nicht den anderen Teil Ihrer Tätigkeit, denn Sie waren gleichzeitig Leiter des Collège international de philosophie *und Berater von Wirtschaftsunternehmen. Das sind natürlich zwei ganz unterschiedliche Milieus – so verschieden, dass es etwas heikel ist, sie zu vergleichen. Da Sie aber seit einigen Jahren ständig von einem Milieu ins andere hinüberwechseln, bin ich doch neugierig zu erfahren, wie Sie das Verhältnis der Philosophen zu den Führungskräften der Wirtschaft sehen.*

Was heißt „sich öffnen"
(wenn es sich um den „Geist" handelt)

Natürlich gibt es unter den Führungskräften auch solche, die keine Lust haben, sich einer ihnen fremden Welt zu öffnen, in ihren Gewohnheiten erschüttert zu werden; an denen das abprallt ... und die schwer aus der Fassung zu bringen sind. Sei es, weil diese Sie sofort einordnen (als Philosoph, als Hochschullehrer, dem nur der spekulative Bereich zugestanden wird); sei es, weil sie versuchen, Sie auf den Arm zu nehmen, um nicht ihre Gewissheiten zu verlieren. Oder einfach, weil sie nicht sehen, worauf Sie hinaus wollen, auch wenn ich gleich vorwarne: Die Wirkungen sind eher langfristig; es geht weniger darum zu lehren, als Kategorien aufzulösen, und somit Strukturen aufzulösen. Es dauert also eine gewisse Zeit – die Zeit des Ablaufs - bis dies allmählich geschieht. Man muss aber anerkennen, dass die große Mehrheit der Führungskräfte in den Unternehmen dafür erstaunlich offen ist.

Muss ich das so verstehen, dass die Philosophen ihrerseits...

Die Philosophen sind gewöhnlich sehr geschickt darin, die Vernunftapparate in Gang zu setzen, um die Anstößigkeit dessen aufzuheben, was sie nicht vorher konzipiert hatten. Es gibt *mögliche* Hausfriedensbrüche, Provokationen... und dann gibt es das, was aus einer *allzu anderen* Welt kommt, als dass man überhaupt wissen könnte, ob es sich um einen Hausfriedensbruch handelt. Ich sehe das sehr deutlich im *Collège*. Sobald ich an einem Kolloquium teilnehme, das Thema spielt dabei keine Rolle, beginnt sofort das immer gleiche, quasi chirurgische Unternehmen der Reduzierung der chinesischen Heterotopie. So dass man dort nur noch Differenz sieht, also messbare Abweichungen: Die *Integrationsmaschine* wird in Gang gesetzt, und der „chinesische Fall" kann ins philosophische Arsenal geräumt werden. Ich bin daher gar nicht mehr so sicher, ob die Philosophie wirklich immer bemüht ist, die Dinge zu „befragen", wie sie sagt – oder die *Unbequemlichkeit* sucht, wie ich es ausdrücken würde.

Ich bemerke wieder diesen „ethnologischen" Blick, mit dem Sie seit dem Beginn dieser Gespräche die Philosophie betrachten.

Vor-Erwartung in der Philosophie

Es gibt durchaus einen *ethnos* der Philosophen: Etwas Kodiertes (typisiertes Verhalten, Initiationsriten, Pflichtreferenzen und Pflichtgesten usw.) unter ihrem angekündigten *ethos*; es würde sogar zu lange dauern, alles zu analysieren, was es dort alles an den Philosophenstand begründenden Übereinkünften gibt. Von meiner Position im *Collège international de philosophie* aus kann ich insbesondere gut sehen, wie die Erscheinungen der diskursiven Konfiguration die Philosophie organisieren, wie sie den Boden bereiten, damit die Reflexion sich dann an diesem oder jenem Punkt erhitzt, den Boden, auf dem die Diskurse und die

Fragen selbst schon im voraus formuliert, im voraus eingeordnet und – es drängt sich mir der Ausdruck auf – *im voraus erwartet* sind. Ich achte umso genauer auf diese Phänomene, als sich das *Collège* – das brauchen ich Ihnen nicht zu erklären – als Ort der Offenheit, der Mobilität, der „Überschneidungen" und folglich des Abenteuer des Geistes definiert...

Die lehrreiche und merkwürdige Geschichte einer französisch-chinesischen Großbaustelle

Sie haben sich dafür entschieden, den Aspekt der „Anwendung" Ihrer Aussagen beiseite zu lassen, insbesondere alles, was die kommerziellen Beziehungen zwischen Europa und China betrifft. Aber da der Gegenstand unserer Gespräche letztlich das Wirksame *ist, scheint es mir mindestens ebenso interessant zu sein zu erfahren, was Sie in den Unternehmen machen und was Sie dort sagen…*

Das gehört in den Bereich des Machens, warum sollen wir darüber sprechen?

Ich hätte gern von Ihnen eine kleine Abhandlung über die strategische Manipulation.

Es gibt das, was man bei der Arbeit lernt, im Alltag, indem man die Aufgaben in Angriff nimmt, durch „Erfahrung", wie man sagt – worüber man aber nicht spricht.

Ich erinnere Sie daran, dass wir die griechische Seite gewählt haben, die mit dem Licht des logos *das erhellt, was man – mit der Zeit – „sehr wohl weiß", aber nicht sagt; wir haben uns auch entschieden, die Reflexion aus ihren philosophischen Verschanzungen herauszuholen, damit sie Situationen kennen lernt, die sie weniger erforscht hat und für die sie folglich weniger gut aus-*

gerüstet ist. Es ist wie in der Psychoanalyse oder in der Anthropologie, man muss Fallstudien machen, man muss „vor Ort" arbeiten. Ich erinnere mich, dass Sie mir die Geschichte einer Großbaustelle in China erzählt haben, bei der es zu einer heiklen Anfechtung des Vertrags kam... Sie verdiente meiner Meinung nach eine genauere Analyse, weil sie das Gegensatzpaar Manipulation-Überredung praktisch umsetzt und sogar auf die Probe stellt. Wagen Sie es nur...

Das erzählt man, aber man schreibt es nicht auf.

Das ist mir klar... Aber warum die Sache nicht einfach „fiktionalisieren"? So erzählen sie es, ohne es wirklich zu erzählen, und jeder kommt auf seine Kosten!

Natürlich ist nicht die Wahrhaftigkeit der Geschichte und noch nicht einmal ihre geographische oder technische Glaubwürdigkeit wesentlich, sondern ihre Struktur. Sagen wir also, dass es sich um die Geschichte... einer Brücke handelt: eine riesige Brükke, eine Autobahn auf Betonpfählen, über 10 km lang. Die Hauptschwierigkeit bestand darin, dass sie durch ein Gebirge hindurch transportiert werden musste, das man „faul" nannte – wie viele im Archipel entlang der chinesischen Küsten, von Taiwan bis Japan, viele – weil sie von oft heißen Quellen unterhöhlt sind, die bei der Errichtung dieser Art von Bauwerken eine ständige Gefahr darstellen. Der Alptraum der Ingenieure...

Die Chinesen hatten also einen Vertrag mit einer französischen Firma abgeschlossen, in dem vereinbart war, dass diese den Bau der Autobahnbrücke und deren gesamte Logistik übernehmen, und die Chinesen den Nebenbau einer kleinen Brücke. Die sollte zur Beförderung des zum Bau der großen Brücke notwendigen Materials benutzt werden, und vor allem ermöglichen, den Felsen auf eventuelle Spalten oder Wasseraufsammlungen hin zu testen; sie sollte auch später die große Brücke verstärken und als Ausweichstrecke dienen. Natürlich war der Vertrag perfekt, da er Punkt für Punkt bis ins kleinste Detail ausdiskutiert worden war, und da er vorsah, dass die kleine Brücke vor der großen Brücke gebaut werden müsse, um als Testfall für diese dienen zu können. Und darüber waren sich alle Beteiligten *a priori* einig, denn man bewegte sich auf der Ebene der technologischen Gründe oder gar Zwänge. Die Situation und die jeweiligen Rollen schienen also ein für alle Mal „festgelegt" zu sein.

Dennoch ist den Chinesen gelungen – und da wird die Sache interessant – langsam diese scheinbar nach allen Seiten hin abgedichtete Ausgangssituation radikal zu verändern. Wie haben sie das getan und warum? Am Anfang gingen sie durchaus davon aus, ihren Teil des Vertrages erfüllen zu können, der anscheinend nur wenig technische Probleme aufwarf. Dann haben sie gesehen, dass sie es nicht schaffen – aus verschiedenen Gründen, darunter auch das eben erwähnte Problem der Wasseransammlung. Anstatt nun aber das Gesicht zu verlieren und zuzugeben: „Wir schaffen es nicht. Bauen Sie uns auch die kleine Brücke" (in diesem Fall hätten die Franzosen natürlich mit einer gewissen Genugtuung geantwortet: „Einverstanden, aber dann machen wir einen neuen Vertrag: Wir streichen alle Fristklauseln, Fertigstellungsklauseln; wir bekommen unsere Kaution zurück, und ...es wird auch teurer"), haben sie sich entschieden, anders vorzugehen und, um ihre Schwäche in einen Stärkefaktor zu verwandeln, machten sie als erstes ihre französischen Partner zu

Komplizen dieser Situation. Eines Tages haben diese daher von den Chinesen einen Fragebogen mit 65 Fragen bekommen, von denen 64 rein technisch waren, während die 37. lautete: „Was würden Sie tun, wenn es keine Nebenbrücke gäbe?"

Dieser Fragebogen war für die französischen Techniker bestimmt und sollte von ihnen beantwortet werden?

Ja, aber die 37. Frage betraf in Wirklichkeit die Firmenleiter...

Man findet da die Strategie des „Sandkorns" wieder, die während Ihres Aufenthalts als Hochschullehrer in Peking gegen Sie angewandt wurde.

Mit dem Unterschied, dass hier das Sandkorn sehr viel schwerer wog, wenn ich so sagen darf; denn unter dem Vorwand einer weiteren technischen Frage, stellten die Chinesen den Vertrag selbst grundlegend in Frage. Und dann haben sie es natürlich nicht dabei belassen: sie haben auch alle gebeten, sich ihre Baustelle anzusehen – „alle" heißt nicht nur die Franzosen, die schon vor Ort waren und sehr wohl sahen, dass die chinesische Baustelle kaum vorankam (denn sie ging immerhin ein klein wenig voran), sondern auch die Pariser Firmenleitung. „Alle" haben also genau gesehen – ohne es je direkt auszusprechen –, dass die chinesische Brücke nicht schnell genug fertig werden würde und die französische Baustelle deshalb auch bald lahm gelegt sein würde... Offiziell ergriff niemand die Initiative, die Frage anzusprechen; aber wenn sie unter sich waren, sagten sich die französischen Ingenieure im Vertrauen: „Was ist los? Es geht wirklich nicht vorwärts. Das wird teuer für sie werden..." Vielleicht waren sie im Grunde gar nicht so unzufrieden zu sehen, dass ihre chinesischen Kollegen sich in einer peinlichen Situation befanden...

Sie dachten sich bestimmt, dass die anderen nicht wagen würden, darüber zu sprechen. Sie sahen bei den Chinesen Verlegenheit und Ausflüchte. Sie psychologisierten...

Den Franzosen war also nicht klar, dass ihre chinesischen Kollegen sie durch dieses Vorgehen, insbesondere indem sie die Franzosen zu Zeugen machten, in Wirklichkeit – aber ganz allmählich – in die neue Sachlage hineinzogen. Und als man sich auf französischer Seite endlich dazu entschloss, „den Stier bei den Hörnern zu packen" und sich offiziell über die Situation zu wundern, ist die Falle zugeschnappt: – Aber wo ist denn Ihre Brücke? Wo liegt das Problem? Laut Vertrag sollte sie fertig sein. Es war nie etwas anderes vereinbart...

– Wie bitte? Aber Sie wussten doch genauso gut wie wir, dass es keine Nebenbrücke geben kann! Und dass von nun an das einzige Problem ist: Wie bauen wir die Hauptbrücke ohne eine Nebenbrücke. Sie wussten es doch genau...Erinnern Sie sich, wir haben Ihnen sogar einmal ausdrücklich schriftlich die Frage gestellt: „Und was würden sie tun, wenn es keine Nebenbrücke gäbe?" Sie haben aber nichts gesagt. Und dann haben Sie ja auch gesehen, dass unsere Baustelle nicht vorwärts kam; „alle" haben es gesehen...Ihre Unternehmensleitung hat es auch gesehen. Wir müssen uns also im beiderseitigen Respekt gegenseitig helfen *(huxiang bangzhu)*, eine Lösung zu finden.

Zu dieser Zeit fing ich an, vor Unternehmensleitern zu sprechen, und ich erinnere mich, dass nach einer Konferenz vor ein paar Firmenchefs und ihrem *„Staff"*, jemand an mich herangetreten ist und gesagt hat: „Hören Sie, wir haben da ein Problem... Das ist sogar ein ziemlich wichtiges Geschäft, bei dem es um eine Milliarde Francs geht...Was sollen wir tun?" Sie hatten so etwas noch nie erlebt, fanden es unverständlich und sogar – zu recht – empörend.

Ich kann mir vorstellen, dass sie ratlos, „die Fassung verloren hatten", wie wir vorhin sagten – die Strategie der Strukturauflösung hatte gewirkt.

Wogegen mir die Sache wie ein klares, sogar eher banales Schulbeispiel vorkam – und das auch als Fall eines Unterschiedes und somit Ursache von gegenseitigen Missverständnissen. Denn für „uns" – uns Europäer– gibt es nichts, was *verbindlicher* ist als der Wortlaut eines Vertrages. Wenn man einen Vertrag gemacht hat, wenn man ihn unterschrieben hat, dann ist die Sache „geregelt", wie man sagt, dann braucht man nur noch zu handeln. Man geht an die Arbeit. Aber in China ist das überhaupt nicht so... Ein Vertrag wird unaufhörlich umgewandelt, wie alles andere, entwickelt er sich ständig weiter. Wie sollte also etwas – und das gilt selbst für den Wortlaut eines Vertrages – dieser Entwicklungslogik der Prozesse entkommen können?

Der Vertrag dient dazu, ein Kräfteverhältnis zu besiegeln, und deshalb ist uns die Abschlussfunktion des Vertrages wichtig; indem er die Zeit verräumlicht, entleert er sie. „Unsere" Kultur, insbesondere die französische, ist eine Vertragskultur, weil es eine Kultur des Rechts und der Kodifikation durch die Rede ist. Ist es nun aber nicht diese Allmacht, mit der wir die Rede-Artikulation (logos) *ausstatten, um ihr das „Wirkliche" unterzuordnen, die unterschwellig alle Teile unserer Kultur verbindet? Sie strukturiert den logischen Apparat der Philosophie und sie ist auch die Stütze des theologischen Dogmas, das, wie Sie sagten, kein Äquivalent in China hat...*

All das scheint mir in der Tat ziemlich klar zu sein. Angefangen mit den Bedingungen dieser Vertragstransformation selbst, und der Art und Weise, in der die Franzosen allmählich ungewollt an deren Entwicklung beteiligt wurden: so weit, bis sie schließlich nicht mehr zurück konnten, um sich auf den Wortlaut des Vertrages zu berufen. Auf chinesischer Seite hatte nämlich die ganze Kunst darin bestanden, die französische Seite mit einer so schrittweisen Änderung zu konfrontieren – die sich über einen längeren Zeitraum hinzog – dass diese zu keinem Bruch führte, sondern sanft, abgeschwächt geschah und niemals greifbar genug war, um reagieren zu können. Erinnern Sie sich, es war dasselbe, als die Kritik Deng Xiopings aufhörte, oder als die Entmaoisierung stattfand, wurde diese Wende – die immerhin eine Drehung um 180° war und von ein und derselben Partei betrieben wurde – den Menschen so regelmäßig tropfenweise vermittelt, jeden Tag ein wenig, dass es niemals Grund genug gab, der Gegenwart die Vergangenheit entgegenzustellen und sich aufzulehnen.

In der Tat, wie sollte man reagieren und sich auflehnen gegen etwas, das jedes Mal nur eine kleine Nuance ist? Um das Wort zu ergreifen, braucht man eindeutige Kennzeichen; da die Nuance aber kaum erkennbar ist, gibt es keinen Anlass, seine Stimme zu erheben.

Die Kunst, mit Hilfe von Nuancen vorzugehen, ist die Kunst, die Zeit als Faktor einer fortschreitenden Transformation in der Situation wirksam werden zu lassen. So dass sich die Transformation am Ende des Prozesses als verbindlich erweist. Dagegen hatten die Leute, die mich um Rat fragten, nur einen Gedanken: dass ich ihnen helfe, die Chinesen zu *überzeugen*. Für sie war meine Aufgabe nämlich klar: Ich sollte ihnen helfen, ihre juristisch-technischen Argumente zu schärfen, und also den Chinesen zu zeigen, dass es sich hier um einen offensichtlichen Fall von einseitigem Vertragsbruch handele, und dass von jetzt an die chinesische Seite die finanzielle Wiedergutmachung sämtlicher Schäden leisten müsse usw.

Ich musste also damit anfangen, meinen französischen Gesprächspartnern zu erklären, dass sie, entgegen ihrer Annahme, in einem Dispositiv der Manipulation gefangen waren, in dem nur rein situative und keine argumentativen Erwägungen zählen; und dass es in einem solchen Fall keine andere Lösung gibt, als auf die Manipulation mit einer anderen Manipulation zu antworten... Man hat gesehen, dass es bei dieser Art von Dispositiven vor allem darauf ankommt, den anderen *in eine solche Situation* hineinzutreiben, dass er „nicht umhin kommt“, sich so zu verhalten wie man es will, dass er schließlich dazu gebracht wird, sich so zu verhalten. Natürlich kann man immer „reden“, man kann sogar argumentieren. Aber was auch immer man sagen mag, „reden“ ist *Teil* des Dispositives... Genauer gesagt, in diesem Fall musste man versuchen, in der Situation wieder Fuß zu fassen, also eine umgekehrte Manipulation vorzunehmen, sodass man diesem allmählichen Entgleiten der Situation ein Ende bereitet und wieder Boden unter den Füssen bekommt.

Wenn ich richtig verstehe, handelte es sich darum, „seine Bezugspunkte wieder zu finden", indem man eine Konfrontation herbeiführt, und von da aus die Möglichkeit wieder herstellt, – berechtigterweise – die Einhaltung des Vertrags zu fordern.

Aber ohne deshalb die „Freundschaft" zu beenden und zu riskieren, hinausgeworfen zu werden... Ich bin also vier mal dorthin gereist. Und einzig und allein, um zu versuchen, in der Beziehung wieder eine ausreichende Spannung aufzubauen, aber ohne die Gegensätze zu groß werden zu lassen, damit man sich nach und nach wieder auf den Ausgangsvertrag stützen kann.

In welcher Eigenschaft griffen Sie ein?

Als Berater des Generaldirektors... „Berater" wofür? Natürlich nicht als technischer Berater, also als „strategischer" Berater.

Sie griffen also auch in bestimmte Details ein und brachten Nuancen ins Spiel...

Kein Detail ist unwichtig, selbst wenn es noch so nebensächlich und harmlos erscheint. Denn entscheidend sind immer die Nebensachen. Am Ende des zweiten Treffens hat der Leiter der chinesischen Delegation es zum Beispiel nicht versäumt, uns in einem freundschaftlichen Ton vorzuschlagen: „Es ist Zeit, eine Pause zu machen, gehen wir Mittagessen." Da habe ich der Person, die ich beriet, zugeflüstert: „Nein. Lehnen Sie das ab. Sagen Sie, dass wir heute nicht können...Ein anderes Mal dafür mit dem größten Vergnügen." Das war natürlich eine Weise, unseren Protest auszudrücken, ein Sandkorn zu streuen, wie Sie sagten, aber durch die Blume, auf einem Nebenweg, indirekt.

Ein Zeichen setzen, dass deutlich genug ist, aber nicht kränkend.

Sie erinnern sich an den ersten Satz des ersten Textes der chinesischen Literaturkritik (das „Große Vorwort" von *Shijing*) über das poetische Bild: Ich sage genug, damit der andere versteht, aber nicht zuviel, um nicht mein Leben aufs Spiel zu setzen. Man muss ein Zeichen schaffen, das aber nicht zu offensichtlich – also zu aufdringlich – als solches erkennbar sein soll. Hierbei ist nicht der Sinn des Zeichens zweideutig, sondern überhaupt die Tatsache, dass es eins ist: gibt es überhaupt ein Zeichen?

Sind das nicht doch zu viele Winkelzüge? Ich weiß, dass es sich um einen hoch entwickelten Sinn für das Rituelle handelt, und folglich um soziale Kohäsion, aber dennoch...

In den *Gesprächen* (XVII,1), kann man lesen, wie der Meister sich einmal die Mühe macht, zu einem reichen Herrn zu gehen und sich für ein Geschenk zu bedanken, dass dieser ihm hatte zukommen lassen, um ihn in seinen Dienst zu nehmen – aber erst, nachdem er sich vergewissert hatte, dass der Herr nicht zu Hause war... Ich muss gestehen, dass auch ich eine gewisse Zeit gebraucht habe, nicht um zu verstehen, warum Konfuzius sich so verhalten hat, sondern warum bei der Auswahl der *Gespräche* Wert darauf gelegt wurde, von Konfuzius gerade diese Geschichte zu überliefern, da man sie sicher für exemplarisch hielt...

Aber wofür exemplarisch? Bedeutet es, dass man nur noch mit Hilfe eines situativen Dispositivs *vorgehen kann, sobald man die diskursive Ebene verlässt? Und dass es also, wie im Fall des Rituellen, nur noch formelle Verfahren gibt?*

Weil es in beiden Fällen *nichts* zu diskutieren gab. Diskursive Zeichen wären vergeblich oder sogar gefährlich gewesen. Wie wollen Sie direkt einen reichen Herrn „abweisen", der Sie indirekt um Unterstützung angeht, indem er Ihnen ein Geschenk macht? Oder auch, um wieder auf unsere Geschichte zurückzukommen, wovon wollen Sie die Chinesen „überzeugen"? Sie wussten genau, was sie taten. Man musste also einfach nur wieder Fuß fassen in der Situation, indem man jene Details vermehrt, die nur einen hinweisenden Wert haben, rein situativ sind und indirekt wirken.

Und wie ist das Ganze ausgegangen? Haben die Chinesen schließlich nachgegeben?

So wie diese Art von Verträgen üblicherweise ausgehen.

Ich verstehe jedenfalls nun Ihre Verärgerung besser, wenn man Ihnen entgegenhält, dass „unsere" gute alte Rhetorik, die behauptet überzeugen zu wollen, ebenfalls Manipulation ist. Denn auf unserer Seite hatten wir die mathematische Beweisführung als absolut festgelegtes Dispositiv.

Man kann den Diskurs immer instrumentalisieren und ihn jedem beliebigen Zweck unterwerfen. Aber die stärkste Manipulationsrhetorik hat niemals diesen situativen, globalen, konstruierten Aspekt, den wir gerade sahen – vor allem auch nicht den Aspekt des *totalen Zwanges*, den ein manipulatorischer Prozess einfach dadurch mit sich bringt, dass er den Zeitfaktor wirken lässt. Was das situative Moment der Mathematik betrifft – die ihr eigene *vis demonstrandi* – ist sie natürlich untrennbar mit der von ihr vorgenommenen Ausklammerung der Zeit verbunden. Dadurch ist sie das durch Modellbildung Entwickelte par excellence. China hat dagegen das *in* der Prozessordnung enthaltene Moment des Zwanges als Entfaltung des in jeder angetroffenen Situation Implizierten gedacht – das nicht von der vorgegebenen Richtung abweichen kann. Das ist das *Wirksame*, um das wir unaufhörlich gekreist sind.

Ich habe Lust, Sie hier beim Wort zu nehmen... Denn wenn es Wirksames gibt, und wenn man es beeinflussen kann, dann muss man auch alle Spaltungen überwinden können, von denen wir ausgegangen sind oder auf die wir unterwegs gestoßen sind: Europa/Nicht-Europa, Subjekt/Situation, Wirksamkeit/Effizienz usw., kurz, man muss sowohl in Europa als in China manipulieren *können... Hätten Sie dafür noch einige überzeugende Beispiele?...*

Ein ganz kleines. Eine Miniatur, wenn Sie so wollen. Als ich meine Arbeit am *Collège* aufnahm, fand ich eine etwas absurde Situation vor: Man musste vier Stockwerke hochsteigen, obwohl es einen schönen Fahrstuhl gab, der zu unseren Büros führte – dessen Schlüssel wir aber nicht hatten. Bei der ersten Bürositzung habe ich also gefragt, warum das *Collège* ihn nicht hat. Und man hat mir geantwortet: – Das wissen wir nicht so genau. Das Ministerium hat ihn nie herausrücken oder auch nur eine Erklärung dafür geben wollen. Sie können sich sicher vorstellen, dass wir alles versucht haben...

Da ich wohl merkte, dass man mich ein wenig provozierte, und ich den Fall exemplarisch fand – es ging dabei um nichts wirklich Wichtiges – wollte ich die Herausforderung annehmen und habe mich erst einmal nicht weiter darum gekümmert: „Diese Geschichte ist lächerlich... In zwei Wochen werde ich ihn haben." Nun gab es für mich zwei Möglichkeiten:

Entweder mache ich die Sache zu meiner persönlichen Angelegenheit und versuche zu überzeugen – der Weg der Rhetorik. Ich würde in meiner Eigenschaft als Leiter des *Collège* den für die Logistik unserer Räume zuständigen Mann aufsuchen und mich bemühen zu argumentieren. Zeitaufwand, Energieaufwand, und das Ergebnis würde ungewiss bleiben. Denn ich könnte nicht das Risiko ausschließen, dass er an diesem Tag schlecht gelaunt sein würde; oder dass eine solche Aufregung um einen simplen Schlüssel insgeheim seinen Widerstand verstärken würde.

Oder ich nutze die Situation, indem ich manipuliere. *More sinico.* Also in Bezug auf das erstrebte Ziel zunächst indirekt – die Wirkung ergibt sich dann, wie wir gesehen haben, ganz „von selbst" aus den vorher geschaffenen Bedingungen. Ich bin also nicht zu dem für den Schlüssel zuständigen Beamten gegangen, sondern... zu meinem Arzt; den bat ich, mir eine Bescheinigung über meine schlechte körperliche Verfassung auszustellen... genauere Angaben wären nicht nötig... Dieses Schreiben ließ ich auf dem Dienstweg dem betreffenden Beamten zukommen. *Tatsächlich* bekam ich den Schlüssel sofort – natürlich ausnahmsweise! Und ausschließlich zu meinem persönlichen Gebrauch usw. Aber ich habe ihn gekriegt... Denn auch hier war das Dispositiv, in dem der Andere gefangen war, mit Zwängen verbunden und brachte ihn dazu „nicht umhin zu können". Den wie sollte dieser Mann, den ich bis heute nicht kenne, – aber schließlich kam es ja auch nicht auf die Person an, es war keine Frage der Moral oder der Psychologie – auch sonst reagieren? Hielt er doch in seinen Händen einen Brief, von dem er wusste, dass er durch dutzende von anderen Händen gegangen war, und der ihn von nun an eindeutig als *eventuell verantwortlich* auswies, in dem Fall dass...Was weiß ich? Von jetzt an trug er das Risiko – ein Risiko, dass ihn abschrecken musste. Es ging nicht länger um mehr oder weniger fragwürdige Gründe, um die es gegangen wäre, wenn ich mich bemüht hätte, ihn zu überzeugen; aber die einfache Tatsache, dass es gefährlich für ihn wurde, mir den Schlüssel zu verweigern, fungierte als Hebel. Die chinesischen „Autoritaristen" *(fajia)* haben uns gelehrt, dass es mit Sicherheit immer möglich ist, sich der beiden „Manipulative" der Furcht und des Interesses zu bedienen. Ich wusste also, dass es funktionieren würde; und dass ich anstatt der sonst in der Verwaltung üblichen „Nicht-Antwort" oder endlosem Papierkrieg sogar schnell eine Antwort bekommen würde.

Ich frage mich, welchen Unterschied es gemacht hätte, wenn Sie dasselbe in China getan hätten, oder wenn Ihr Schlüsselmann ein Chinese gewesen wäre. Denn auch der „hätte nicht umhin können..."

Er hätte sich manipulieren lassen. Nur hätte er gewusst, dass er sich manipulieren lässt. Im Vergleich zum französischen Beamten, der sich manipulieren ließ, ohne sich dessen bewusst zu sein, bedeutet das also einen Gewinn. Sagen wir einen Gewinn an „Intelligenz". Eine bestimmte – strategische – Intelligenz, zu deren Entwicklung uns unser zugleich rhetorischer und theoretischer Apparat – infolge seines Gebrauchs – wenig angeregt hat.

Fahren Sie oft nach China ?

So selten wie möglich...

Weil China immer das Gleiche ist?

Im Gegenteil. Wenn man heute wieder nach China fährt und man das erste Mal vor zwanzig Jahren dort war – was schließlich noch gar nicht so lange her ist ! – dann ist man beeindruckt davon, wie sehr dieses Land sich insgesamt verändert hat. Peking hat sich so sehr verändert, dass es eine andere Stadt geworden ist. Jedes Mal wenn ich jetzt dorthin komme, erkenne ich fast nichts wieder: Die Form einer Stadt ändert sich immer schneller, leider. Aber dort in China geschieht das in einem solchen Ausmaß! Und in der Architektur hat eine Art von glitzerndem schlechten Geschmack großen Erfolg...

Diese Veränderung scheint Sie zu überraschen.

Nein, die Umwälzung ist immens, aber sie war vorauszusehen. Jeder wusste, dass Hongkong die chinesische Entwicklung vorweg nahm. Selbst zur Zeit des Maoismus, das war ganz klar. Man fragte sich nur, wie lange dieser unvermeidliche Prozess der „Modernisierung" unter dem Einfluss des politischen Voluntarismus aufgehalten werden würde.

Die Transformation ist so groß, dass sich Europa, und besonders Frankreich, von China aus gesehen nicht verändert zu haben scheinen. Alle Chinesen, die Europa ein bisschen kennen und von dort zurückkommen, werden Ihnen dasselbe sagen: Frankreich, Paris ändert sich nicht... Wenn man nach Fernost reist, fällt vor allem der dortige *Dynamik* ins Auge: die Geschwindigkeit, mit der es sich erneuert, die Intensität seiner Betriebsamkeit, übersteigen unser Vorstellungsvermögen.

Es hat aber doch vor kurzem diese Finanzkrise gegeben.

Das war höchstens eine „Wachstumskrise", die vor allem die „kleinen Tigerstaaten" betraf, und Korea. Aber das sind alles nur Fehlzündungen, Rückschläge, weil die Wirtschaft dieser Länder auf Hochtouren gebracht, wenn nicht gezwungen wird; das stellt meiner Meinung nach keineswegs den allgemeinen Aufschwung in Frage, der in dieser Region begonnen hat. Umso mehr, als zwischen diesen Ländern eine echte Konkurrenz besteht: Japan wird vor allem dadurch vorwärts getrieben, dass Korea ihm auf den Fersen ist; und China ist wiederum Korea auf den Fersen. Was China angeht... Daraus entsteht in der Pazifikzone eine Rivalität, deren Ausgang abzusehen ist. Denn China breitet sich von jetzt ab nach zwei Seiten hin aus: Vancouver ist chinesisch, Toronto und San Franzisko werden es, so wie auch die gesamte Westküste.

Verwechseln wir also ein Zeichen der Stärke nicht mit einem Zeichen der Schwäche. Die sichtbare Krise ist ein Zeichen von Spannung und Vitalität; es ist dagegen gefährlicher, wenn alles nach und nach verkümmert, ohne dass man es merkt. In diesem Fall spricht man auch von Krise, obwohl es sich eher um die Erfindung der Vorstellung handelt, die dem langsam Verfallenden zu neuer Spannung verhelfen will, indem sie dramatische

Ereignisse schafft, indem sie verzerrt – und auf die man keinen Einfluss mehr hat. Sehen Sie nur, wie das bei uns ist...

Blüte des Fernen Ostens und Untergang Europas?

Wenn ich Ihnen zuhöre, gewinne ich auf einmal den Eindruck, an einem Strand am Rand der Zeit zu leben. Demnach gehörte Europa der Vergangenheit an und wir, die Europäer, würden in Wirklichkeit ohne es zu wissen, den Endpunkt unserer Geschichte erleben?

Für die Chinesen ist das ganz klar: wir haben unsere Rolle vom 17. – 19. Jahrhundert gespielt, mit der Erfindung der Wissenschaft, der Technik usw. Wir repräsentieren also ein bestimmtes Zeitalter der Menschheit, aber nun sei es unser Los, überholt zu werden... Frankreich ist das „Land der Liebe und der Blumen", sagen die Japaner wohlmeinend. Was für ein komisches, fast traumähnliches Gefühl ist es, zu entdecken, dass man zum *has been* geworden ist. Das wird natürlich bei weitem nicht von allen Franzosen geteilt, aber man kann es doch nicht ganz vermeiden, wenn man aus Fernost zurückkommt. Das stört mich jeden Tage am sozialpolitischen Diskurs in Frankreich: unsere Vision des Fernen Ostens ist im Ganzen gesehen *verfälscht*. Von nun an geschehen die Dinge weltweit nicht mehr *durch uns*, unsere politischen Spaltungen, unsere ideologischen Spitzfindigkeiten sind nur noch Überlastungseffekte in einem erstarrten Gesamtrahmen, der im Begriff ist zu zerfallen. Deshalb habe ich nicht eine dem bei uns herrschenden Diskurs entgegen gesetzte

Meinung, sondern dieser befremdet mich oft sehr stark. Er scheint mir oft „die Realität zu verfehlen", das heißt abgeschnitten zu sein von dem, was die wirkliche Geschichte ausmacht.

Man muss feststellen: Die Welt erneuert sich stärker dort unten als bei uns. Aber woher kommt die dortige Dynamik?

Wenn ich das in den Ländern des Fernen Ostens wirkende Wertesystem in drei Worten zusammenfasste – und nicht fürchtete, Sie zu schockieren – dann würde ich sagen: „Arbeit, Familie, Vaterland"... Arbeit: man tut nichts anderes – man macht kaum Urlaub, selbst an gesetzlichen Feiertagen. Sie müssen zugeben, dass ein solcher Arbeitseifer zumindest sozial ein großer Trumpf ist. Familie: im Zusammenhang mit Menzius habe ich schon genug darüber gesprochen. Und Vaterland: das ist der Nationalismus, ein kompakter Nationalismus, von dem wir keinen Vorstellung mehr haben. Fragen Sie Chinesen einmal nach ihrer Meinung zu Tibet...

Dabei kommt ein *unverhüllter Kapitalismus* heraus. Denn der Wunsch sich zu bereichern, man kann sogar sagen: die Geldbulimie, sind dort extrem stark und sehr weit verbreitet – auch wenn dies zu einer Schwindel erregenden Zunahme der sozialen Ungleichheit führt. Geld machen, seinen Kindern eine gute Stellung besorgen, seiner Familie helfen – damit sind dort alle beschäftigt. Und man ermisst bei uns noch nicht vollständig die Bedeutung dieses Starts des Kapitalismus im Fernen Osten im Allgemeinen und in China im Besonderen. Die Originalität des chinesischen Falles ist die Tatsache, dass dieser Hyperkapitalismus sich einer kommunistischen Partei anpasst. Dieser Fall ist einzigartig. Sehen Sie den Unterschied zu Russland: China hätte eine noch schwerere Wirtschaftskrise und vollständigere Auflösung des Staates erleben können; nun konnte es dies aber vermeiden. Die chinesische Kommunistische Partei, ihrer Ideologie entledigt, gewährleistet das Funktionieren der Staatsmaschine, wie früher die Bürokratie – so gut es eben geht, aber eigentlich gar nicht so schlecht... Obwohl sie die Entwicklung dieses ungehemmten Kapitalismus zulässt, ist es ihr dennoch bis heute gelungen, dessen Auswüchse, dessen Brüche zu begrenzen, die vielen Experten drohend und unvermeidlich erscheinen. Tiananmen hat nicht zu einer sozialen Krise geführt, es blieb eine politische Bewegung: die Kritik an der Korruption, das Bestreben, eine „fünfte Modernisierung" zu realisieren (die Demokratie) usw. Nun müssen wir aber zugeben, auch wenn es uns enttäuscht: Neben dieser Begeisterung für das Ökonomische charakterisiert diese Länder heute – unabhängig von ihrer jüngsten Vergangenheit – ein *Desinteresse* am Politischen. In China, hinter der demokratischen Fassade sogar in Japan, ist das Politische immer ausgeklammert...

Ich verstehe, dass sie keine Lust haben, häufig dorthin zu reisen.

Ja, weil dieser Wettlauf der Bereicherung, der den potentiellen Aufstieg des Fernen Ostens bewirkte, in gewissem Sinn Teil unserer eigenen Vergangenheit ist. Der durch dieses „Arbeit-Familie-Vaterland" erzielte Ertrag kann heute für das neue Asien, dort wo es seine Kräfte wieder kapitalisiert, enorm sein – dies ist zweifellos sogar notwendig, damit China aus der Armut herauskommt; aber wir selbst haben sozusagen schon den Schwung dieser Neigung ausgeschöpft. Das antworte ich denen, die ich dort unten etwas zu selbstgefällig von der gegenwärtigen Blüte der nichteuropäischen Länder und dem damit einher gehenden „Untergang" Europas reden höre, als ob sie in eine „schicksalhafte" oder tragische Konzeption des „Untergangs des Abendlandes" à la Spengler eingeschrieben wären; und als ob man sich mit allzu nahe liegenden geopolitischen Betrachtungen à la Toynbee begnügen könnte.

Die Dynamik der Welt pendelt unvermeidlich vom Atlantik zum Pazifik hinüber...

Ein wenig Nachdenken reicht, um zu verstehen, dass eine solche schicksalhafte Perspektive - das Gegenteil unseres früheren Ethnozentrismus – etwas zu kurz greift. Wenn ich in China auf diese Frage antworten muss, dann versäume ich nicht, die beiden Figuren der „Blüte" und des „Unterganges" *(Tai* und *Pi)* im Sinne des *Buches der Wandlungen* zu verstehen, nach dem beide sich gegenseitig regulieren und einen Kreislauf bilden. Sodass man in dem Dispositiv des Hexagrammes der Blüte ablesen kann, dass der Untergang, der Verfall, sein Werk bereits als noch nicht akute Bedrohung begonnen hat, noch bevor die Blüte sich vollständig entfalten konnte; und umgekehrt vollzieht sich das Hexagramm des Untergangs, des Verfalls derart, dass die Verfallstendenz, sobald sie sich verstärkt, schon die Möglichkeit einer künftigen Entfaltung andeutet. Deshalb weise ich auf diese unscheinbaren *Ansätze* einer europäischen Erneuerung hin, wenn man in den asiatischen Ländern mit *allzu großer* Selbstgefälligkeit von deren gegenwärtiger Blüte und unserem gegenwärtigen Verfall spricht – auch wenn ich gern zugebe, dass die von uns so genannte asiatische „Krise" in vielerlei Hinsicht ein Zeichen der Stärke ist.

Wir haben alle in unseren Geschichtsbüchern gelernt, dass Europa spätestens seit dem Ersten Weltkrieg „im Niedergang" begriffen ist – man braucht sich nur seine demographische Entwicklung anzusehen.

Aber wir nehmen vielleicht seine neuen *Ressourcen* nicht wahr – von denen wir uns im voraus keine Vorstellung machen können.

Hinter diesem Niedergang tun sich neue Wege auf?

Es ist das, was angesichts der spektakulären Blüte des Fernen Ostens nur im Verborgenen gärt und sich als Vorbote und Versprechen neuer Evolutionen zu erkennen gibt, die ich heute in Frankreich mit großem Interesse verfolge. Es ist unsere Aufgabe, das aufzudecken und zu unterstützen, was neue Kräfte freisetzt, indem es eine andere Konstellation bildet…

Sie sagen „aufdecken"… Was hindert uns daran, es zu sehen?

Das „Neue" – neu konstruierte und neu gezeigte –, das uns daran hindert wahrzunehmen, wo sich die immer unauffällige Erneuerung tatsächlich einen Weg bahnt. Denn das Wesen des *Erneuernden* und zugleich sein Handikap ist, dass es sich im Unterschied zum Neuen nur dem Alten *entsprechend* darstellen kann; deshalb kommt es nicht in Mode.

Und „unterstützen"? Wodurch wird es bedroht?

Dadurch dass wir uns selbst nicht weiter vorwärts bewegen, um es einmal so einfach wie möglich zu sagen. Um diesen Stillstand auszugleichen, kommt es zu einem gegenseitigen Überbieten an „Neuigkeiten"... Sehen Sie sich die Universität an, um von dem zu sprechen, was uns am nächsten ist. Man will dort unaufhörlich etwas „Neues" machen und „Reformen" reformieren: aber auch diese neuen Reformen nutzen sich sogleich ab und sind wirkungslos. Denn man ist umso weniger zu Reformen fähig, als man unfähig ist, eine Auswahl zu treffen und nicht wagt, Bewährtes zu erhalten. Was nun das „Neue" angeht, so wird es zu sehr vorgeführt, seine Vorzüge werden zu stark übertrieben, um noch wirksam sein zu können. Aber es zieht ständig die Aufmerksamkeit auf sich und verschleißt uns.

Über das indirekte Engagement

Während Sie die täglich offensichtlicher werdende Blüte des Fernen Ostens verfolgen, beobachten Sie gleichzeitig alles, was sich in Europa an fruchtbaren Entwicklungen abzeichnet – und was wie jede viel versprechende Erneuerung zugleich zufällig und unscheinbar ist. Aber warum bleiben Sie hier, anstatt wie viele Kollegen an eine große amerikanische Universität zu wechseln? Denn selbst wenn Sie die zu offenkundige Idee seines Niedergangs ablehnen, ist Frankreich nichtsdestoweniger dazu verurteilt, in der Weltgeschichte nur noch auf einem Notsitz Platz zu nehmen. Welche Form von Engagement bringt das mit sich? Ich bin zum Beispiel erstaunt, dass Sie sogleich nach dem Ende Ihrer Ausbildung, kaum nach Frankreich zurückgekehrt, eine Zeitschrift gründeten, deren Titel mit Sicherheit symbolisch war: Extrême-Orient – Extrême-Occident...

Das Wichtige bei diesem Doppeltitel ist, dass der zweite Teil den ersten umstößt. Denn was ist starrer oder ideologisch fragwürdiger als dieser Ausdruck „Ferner Osten“? Heute spricht man lieber rein geographisch, auch um den Phantasmen der Vergangenheit ein Ende zu machen, von „Ostasien“. Was den Ausdruck „Ferner Westen“ *(Yuan xi)* betrifft, so ist es ein chinesischer Ausdruck, der aus der Zeit der ersten Begegnung zwischen China und den Missionaren stammt: Jenseits von Westindien und vom Buddhismus, und weiter im Westen, sind „wir“ alle für die Chinesen ihr „Ferner Westen“. Dieser Titel hat mich also überzeugt, weil er eine symbolische Dimension mit einer historischen Gegebenheit verknüpft; und über die Eröffnung einer theoretischen Gegenüberstellung hinaus wollte ich gerade diesen Standpunkt der Verknüpfung, also der Beseitigung von Trennmauern fördern – in einem Netzwerk, mit Begegnungen, Diskussionen, und in Form eines Manifestes. Es gab also in der Tat bei dieser Zeitschrift auch ein echtes Engagement – ich habe mir das intellektuelle Leben nie ohne Engagement vorstellen können.

Mich interessiert gerade, was Sie *„Engagement“ nennen. Denn, wie wir schon festgestellt haben, stimmt das überhaupt nicht mit dem Satreschen Begriff überein, den wir alle noch im Kopf haben und dessen letzter wahrer Vertreter Foucault ist. Für jemanden wie Sartre hätte es nichts mit seiner Konzeption von intellektuell-militanter Haltung zu tun, eine Zeitschrift zu gründen, die, trotz ihres Projekts einer theoretischen Öffnung, doch eine wissenschaftliche Zeitschrift bleibt, und das noch dazu innerhalb des universitären Rahmens, oder auch, noch schlimmer, die Leitung einer Institution wie des* Collège international de philosophie *zu* *übernehmen – auch wenn sich diese Institution dagegen verwahrt, eine solche zu sein. Wir haben es hier eindeutig mit dem Fall einer „leisen", und deshalb umso tiefer greifenden, „Veränderung" zu tun, über die wir vorhin sprachen.*

Wir sagten bereits, welche Bedeutung der Kompetenz und der an Ort und Stelle gemachten Erfahrung bei der Ausübung der intellektuellen, einschließlich der philosophischen, Tätigkeit zukommt. Wir haben die theatralischen und überzogenen Effekte früherer Extrempositionen kritisiert. Aber diese Radikalität gegen einen Achtung heischenden, ausgewogenen und eher netten Moralismus zu tauschen, wie das heute oft geschieht, ändert nichts an der Sache. Diejenigen, die sich als Erben von Sartre und Foucault verstehen, weil sie sich beeilen, abwechselnd vor Mikrofonen zu verkünden, was *das* Gerechte sei, und die sich eine „Ethik" zurecht zimmern, die Stellung beziehen, erschöpfen sich vergeblich – die Figur, die sie mit aller Gewalt verkörpern wollen, hat ihre Konsistenz verloren. Es ist nur noch ihre Drapierung übrig geblieben. Wie sie sich anstrengen, um in die Medien zu kommen – und vor allem, um in ihnen zu bleiben! Nichtsdestoweniger bleiben sie im „Star-System" immer auf den hinteren Rängen. Aber wie dem auch sei, es ist bedauerlich, dass sie auf der Ebene der Meinung, der *doxa,* bleiben; wie ich ihnen sagte, glaube ich aber heute an ein intellektuelles Engagement nur auf der Grundlage einer wirksamen Arbeit. Es ist in der Tat ein bescheidenes Unternehmen, eine Zeitschrift zu gründen, besonders eine Zeitschrift mit einem äußerst kleinen Leserkreis, für die keine Werbung gemacht wird und die sich nach und nach ihren Leserkreis aufbauen muss. Aber ich „glaube" an dieses diskrete, militante Engagement, das sich damit begnügt, lokal zu agieren und nicht versucht, seine Wirkungen aufzubauschen.

Heißt das, dass unsere Figur des Intellektuellen sich in zwei Teile gespalten hat?

Das ist in der Tat so: auf der einen Seite der in den Medien auftretende Ideologe, auf der anderen der im Stillen studierende *Mensch.* Die vorige Generation konnte noch in der Studierstube sitzen und schreiben – ich finde den Ausdruck „Forscher" auf die „Humanwissenschaften" angewandt verdächtig – und öffentlich Position beziehen. Die Medienherrschaft, und sogar das Verlagswesen, hat diese Verbindung unmöglich gemacht: Der im Stillen studierende Mensch ist folglich (auf die Funktion bezogen) auf dem Rückzug.

Muss man daraus schließen, dass Sie nur an intellektuelle Formen des Engagements glauben und sich nicht für das im eigentlichen Sinn politische Engagement interessieren?

Keineswegs. Aber ich glaube nicht mehr, dass das politische Engagement unmittelbar politisch ist. Als ich an der *Ecole normale* war, hätte ich natürlich irgendwo „Mitglied" werden können. Mehr in der Mitte, wenn ich schnell empor kommen wollte, ohne mich unnötig zu belasten; mehr am äußeren Rand, wenn ich aus meiner Singularität Kapital schlagen wollte, in dem ich mich profiliere, bis dann die Stunde gekommen ist, „vernünftig" zu werden und ein „ordentliches" Leben zu führen…Aber das hätte in meinen Augen auf jeden Fall verglichen mit dem, was man „einen persönlichen Anspruch" nennen könnte, etwas Unechtes gehabt; wie Sie wissen, sorgt dieses *Unechte* zugleich auch für ein gutes Gewissen: In der Gesellschaft „aktiv" sein und Verantwortung übernehmen, an der öffentlichen „Debatte" teilnehmen – kurz, „engagiert sein"... Vermeiden wir unsererseits die hehren Gefühle; aber sehen Sie darin nicht einfach – ich übernehme diesen Ausdruck – zu viel *Bequemlichkeit*? Sagen wir ruhig: Im heutigen Frankreich, in dem angesichts der internationalen Zwänge und der Tatsache, dass die Wirtschaft jetzt weltweit Vorrang vor der Politik hat, gibt es für die Regierungen bekanntlich immer weniger Handlungsspielraum, es gibt kaum noch entscheidende Weichenstellungen, oder zumindest keine mehr, die als solche auftreten. Sodass man heute immer öfter das Phänomen beobachtet, das schon immer beschrieben wurde: Die Politik dient individuellen Zwecken. Weil es kein Risiko mehr bedeutet, politisch Stellung zu nehmen, zumindest in Frankreich, weil das, was bei der öffentlichen „Debatte" auf dem Spiel steht, sehr begrenzt ist, und die Debatte selbst festen Regeln gehorcht, haben die Medien die Politik endgültig zu einem Theater gemacht, in dem das Spiel des Pro und Contra als ein Ballet organisiert ist. Man weiß, dass jedes politische Wort nur noch nach seiner unmittelbaren Wirkung (d. h. Sensationswirkung) beurteilt und vorrangig als „Image" bewertet wird, das jeder sich zusammenbaut.

Deshalb ist der Intellektuelle versucht, auf die Bühne zu treten...

Ich persönlich bleibe lieber im Hintergrund. Dazu kommt das, was ich von Chinas Aufschwung her wahrnehme: Der gesamte französische Politikdiskurs scheint mir, wie bereits gesagt, oft an der Realität *vorbei* zu gehen – und dass selbst in seinen radikalsten, antikonformistischsten Formen... Kurz, wie jeder andere auch, fühle ich mich von diesen „Scheinereignissen“ des politischen Lebens nicht mehr betroffen. Und dennoch müssen jeden Tag neue produziert werden.

Dabei reibt es sich auf, denn das Ereignis isoliert und unterstreicht das Außergewöhnliche oder zumindest bemerkenswerte; dies muss nun aber täglich wiederholt werden... Wo sehen Sie denn heute Engagement?

Sicher nicht in der gegenwärtigen Schwärmerei für das risikolos und um die Wette ausgebeutete Thema der Revolte. Aber der geistige Antikonformismus – dass betone ich noch einmal – muss *diskret* sein, wenn er nicht selbstgefällig sein will.

Da liegt paradoxerweise gerade das Problem, auf das wir seit dem Anfang unserer Gespräche immer wieder stossen: das Diskrete zur Geltung bringen, d.h. etwas, das sich nicht zur Geltung bringen möchte, das die Effekthascherei ablehnt...

Aber ohne sich vor Engagement zu drücken.

Deshalb bleiben Sie auf Ihrem Posten?

Wenn ich das Gefühl hätte, dass es irgendwo anders ein leidenschaftliches, intellektuelles Milieu gäbe, das philosophisch Farbe bekennt, könnte nichts und niemand mich davon abhalten, mein Zelte dort aufzuschlagen. Aber als ich im Namen des *Collèges* in der Welt herumreiste, ist mir eher der weltweite Konformismus des Denkens aufgefallen. Man kann noch so sehr gegen das „Einheitsdenken“ predigen, es ist heute schwierig einen *Abstand* – nicht zu formulieren –, sondern zu schaffen. Nun denkt man aber nur, indem man Abstand schafft.

Aber Abstand schaffen kann man nicht so ohne weiteres. Leistet die französische Kultur dabei noch einen Dienst?

Ich erinnere mich an Mou Zongsan, als er seine Unterscheidung zwischen „einfach" und „tiefgründig" vornahm. Erinnern Sie sich, dass dies in dem selben von unerträglichem Fluglärm erfüllten Zimmer wie immer stattfand. Es befand sich im hinteren Teil des neben dem Kaitak-Flughafen in Hongkong gelegenen Gymnasiums. „Es gibt das deutsche Denken: Es ist tiefgründig, aber es ist nicht einfach. Es gibt das angelsächsische Denken: Es ist einfach, aber nicht sehr tiefgründig. Schließlich gibt es das chinesische Denken: zugleich einfach und tiefgründig." Ein Schweigen... Als ob er alle Möglichkeiten erschöpft hätte und von seiner Seite her das System geschlossen wäre. Und dann wandte er sich zu mir um und fügte hinzu: „In Frankreich... gibt es etwas anderes, das ich nicht gut kenne, wie soll ich sagen? *Emotion-Geist*..." Mou Zongsan suchte nach Worten.

Er streift etwas, das außerhalb seines Denkens liegt.

Man hätte denken können, dass er die anderen Denkweisen auf die chinesische Kultur *bezieht*, aber dann beginnt er eine andere Art von Fruchtbarkeit zu bezeichnen, die er nur erahnt und die außerhalb des Rahmens der chinesischen Kultur liegt. Er hat dies sicher bei Montaigne und Diderot wahrgenommen und es passte in keine seiner Schubladen.

Diese vierte Schublade, von der er kaum etwas weiß, diese namenlose – „anonyme", wie Aristoteles am Anfang seiner Poetik *sagt – Schublade, ist die des „Flimmern des Geistes", das Goethe und Hegel in Bezug auf* Rameaus Neffen *fasziniert hat.*

Ein Vibrieren des Geistes, des regen Denkens, das sich von jeder Plumpheit und auch von jeder Schwärmerei löst, sich von ihnen befreit. „Intellektuell empfindsam und empfindsam intellektuell", um an Montaignes Formulierung zu erinnern.

Und das sich mit dem Geist der französischen Aufklärung erneut ausbreiten wird – in dieser kühnen Ausschweifung des Denkens, in der die Ideen, wie Diderot sagte, wie „Huren" sind...

Es ist das, was ich „Frechheit des Geistes" nennen will: Sie scheint mir heute sozial und politisch nützlich zu sein, sie scheint mir *engagiert* zu sein.

Die Philosophie, regionale Gestalt des Denkens

Jetzt sind wir wieder am Ausgangspunkt unserer Gespräche angekommen. Denn das gegenwärtige „Verschwinden" der Idee der Revolution, dass Foucault an einer Stelle seines „Gesprächs über Zen" feststellt, bedeutet keineswegs das Verschwinden des Ideals der Aufklärung, sondern höchstens das Verschwinden eines Mittels, um es zu erreichen. Und was sind diese „erneuten Überprüfungen", von denen er sprach und die Sie kommentiert haben, denn anderes als die aktuelle Wiederbelebung ihrer emanzipatorischen Zwecke – allerdings mit anderen Mitteln?

Das führt uns in der Tat wieder zu diesen Zeilen von Foucault zurück, denn wir haben letztlich nichts anderes getan, als zu versuchen, ihre „programmatischen" Elemente zu entwickeln...

Sie erinnern sich, dass Foucault dort als Symptom der Schwere der Krise des abendländischen Denkens die Tatsache ausmacht, dass es keine „höchste Philosophie produziert hat, die sich dadurch auszeichnet, sich selbst zu bedeuten". Aber während er diese historische Situation beleuchtet, lässt Foucault ihre Natur oder ihren Grund im Dunkeln; er begnügt sich damit sie festzustellen, ohne sich dazu zu äußern, was das Aufkommen einer solchen Philosophie innerhalb des zeitgenössischen westlichen Denkens hemmt. *Kann man dafür aber nicht eine Erklärung vorschlagen, die uns der Umweg über China nahelegt: Eine* Totalisierung *durch die Philosophie ist nicht mehr möglich?*

Die moderne Erfahrung der Philosophie ist in der Tat, dass sie nicht mehr das Feld des Denkbaren abdeckt, und sogar, dass sie es nicht mehr auf hegemoniale Art und Weise verwalten kann.

Seitdem es neben *ihr die Psychoanalyse, die Soziologie usw. gibt – und auch die Orientalistik mit Arbeiten wie den Ihren – wurde Sie dazu gebracht, aus der Sicht dessen zu reflektieren, was außerhalb von ihr existiert, und nicht mehr narzisstisch von innen heraus...*

Aber sehen Sie nur, wie diese Ent-totalisierung der Philosophie – gleichzeitig mit ihrer Ent-lokalisierung – im 19. Jahrhundert durch die Poesie oder den Roman einsetzte. Und hier knüpfen wir an. Denn diejenigen, die im 19. Jahrhundert in Frankreich denken, heißen Stendhal oder Baudelaire und nicht Victor Cousin. Die Philosophie ist sich nun nicht nur bewusst geworden, dass sie keine Systeme mehr errichten kann, oder dass es Dinge gibt, die sie nicht denkt, sondern noch radikaler, dass sie *ge-*

zwungen war, bestimmte Kohärenzen nicht zu denken und sie fallen zu lassen, um ihr Gebäude zu errichten. Und dies, damit sie andere Kohärenzen denken und als philosophischen Gegenstand konstituieren kann. Nun erhellt aber China auf seine Weise, durch die Kohärenzen, die es stärker genutzt hat, auch dieses Ungedachte, an das die Philosophie sich anlehnt.

Es hilft uns, die Kohärenz selbst da zu erkennen, wo man sie am wenigsten vermutet: auf der Seite des Undeutlichen, des Ungenauen, des Unbestimmten?

Das eine im anderen: Das *Yin* als komplementärer Pol des *Yang* (und umgekehrt), das aber auch ins Innere seiner selbst zeigt. Erinnern Sie sich an die Kopf-Schwanz-Fische, bei denen der Kopf des einen sich in den Schwanz des anderen fügt...

Was auf kohärente Weise das Widerspruchsprinzip unterminiert.

Deshalb hat die chinesische Prosa auch nicht unsere typische Arbeitsteilung gekannt: Die (klassische) Philosophie übernimmt das Widerspruchsprinzip als Grundlage ihrer Legitimität, während die Literatur auf der anderen Seite die Unbestimmbarkeit und die Ambiguität verwaltet und arbeiten lässt. Dabei kompensiert die Literatur die Philosophie und verleiht ihrem Verdrängtem eine Stimme.

Ein anderes von der Philosophie unerforschtes Gebiet, das China erhellt, sind die „geräuschlosen Transformationen" und die „Prozesshaftigkeit"?

Beide sind nicht voneinander zu trennen. Und diese prozesshafte Kohärenz ist die Folge der vorhergehenden. Wenn Aristoteles von der Transformation, der *metabolé*, eines Dinges in ein anderes, also vom korrelativen Übergang einer Eigenschaft in eine andere spricht, dann ist der entscheidende, seine Aufmerksamkeit fokussierende Punkt, dass es ein drittes Element geben muss, das jeder Transformation „zugrunde liegt" – das *hypokeimenon* – die ihr als „Subjekt" dient. Aber dadurch verfehlt er die im chinesischen Denken so wichtige Idee, dass die wahren, die entscheidenden Veränderungen ohne bestimmbares „Subjekt" sind, weil sie allumfassend *und* progressiv sind. Er verwirft sie beiläufig als Unding.

Aber die Philosophie selbst ist durch ihre ständige Eigenkritik schließlich auch dahin gelangt, zu Marx?

Das chinesische Denken hat sich in der Tat mit der (europäischen) Philosophie an diesem Punkt treffen können. Ich habe vorhin gesagt, wie China das marxistische Modell übernommen hat, um aus seiner Geschichte herauszukommen. Nun impliziert übernehmen zugleich, dass es ein Anderes gibt, von dem man etwas nehmen kann (in diesem Fall das Denken des Modells), und dass es eine Überschneidung gibt, die die Übernahme ermöglicht: Hier der subjektlose Prozess, der Vorrang der Situationen-Bedingungen, das Fehlen eines Materie-Geist-Dualismus usw. Allerdings hat China, wenn es nicht die Revolution denkt, aus meiner Sicht die „Undeutlichkeit-Unentschiedenheit" besser erhellt, die den Übergang und die Transformation ausmacht – bis der Bruch, den das Ereignis darstellt, nicht mehr wahrnehmbar ist.

Auch hier wieder eine Rückkehr zu Hegel – an dem man sich unaufhörlich aufs neue stößt, denn er ist tatsächlich der letzte

„höchste Philosoph", wie Foucault sagte, d. h. der, der noch alles zusammenhält: Hegel in Jena, der den Übergang der „schönen sittlichen Totalität" der griechischen Staatsbürgerschaft zur modernen bürgerlichen Welt erforscht. Ihm wird bewusst, dass der Übergang von einer Geisteswelt in die andere unmerklich und dadurch exemplarisch für diese geräuschlosen Revolutionen ist, „die nicht für alle Augen sichtbar sind, die nicht für alle Zeitgenossen zu beobachten sind, und die ebenso schwer darzustellen wie zu verstehen sind." Nun macht aber gerade das Verkennen solcher inneren Transformationen im Sozialkörper diese dann scheinbar so plötzlich ausbrechenden Revolutionen zu etwas Erstaunlichem.

„Ebenso schwer darzustellen wie zu verstehen"... „Darstellen", wenn man es in seinem starken Wortsinn auffasst, ist hier noch wichtiger als „verstehen", das nur dessen Konsequenz bezeichnet – und Sie sehen, warum ich vorhin Stendhal zitierte, um über die Philosophie hinaus zu gehen. Denn Stendhal deckt gerade solche geräuschlosen Transformationen auf, denkt sie, und gerade durch diese Fähigkeit zur *Darstellung* wiegt der Roman die philosophische Konstruktion auf. Nehmen Sie *Rot und Schwarz*, der mehr ein Roman der Transformation (der Sitten und der Gesellschaft im Allgemeinen) ist als ein „Bildungsroman", wie immer gesagt wird, der auf die Figur eines Ich-Subjekts verweist. Das wird durch die Doppelrolle von Valnot und Monsieur de Raynal ganz deutlich. Am Anfang der Erzählung ist Monsieur Raynal die angesehenste Persönlichkeit in der Stadt: Er ist der Bürgermeister von Verrières, der reichste Bürger, der das schönste Haus, die schönste Frau usw. hat. Aber er wird auf seiner *Akme* beschrieben, also am Anfang seines Niederganges. Er ist noch Mitglied des niederen Adels, mit dem es aber langsam zu Ende geht, der immer mehr an Einfluss verliert und der nicht mehr mit der neuen Zeit Schritt halten kann...; während „der Valnot" schon ein Emporkömmling ist, aber noch nicht auf dem Höhepunkt seines Aufstieges angelangt ist – und vom Gefängnisdirektor wird er es schließlich bis zum Baron und Präfekten bringen. Meiner Meinung nach ist das der eigentliche Gegenstand des Romans, und nicht nur die Karriere von Julien selbst, der, anfangs Hauslehrer bei dem Einen und am Ende verurteilt vom Anderen, im Grunde nur dazu dient, diese widersprüchliche und gleichzeitige Doppelbewegung von Aufstieg und Niedergang aufzuzeigen – die in ihrer kontinuierlichen Transformation *dargestellt* wird. Julien und seine Liebschaften beherrschen die Bühne, aber die Substanz des Romans ist diese Transformation.

Der Roman des 19. Jahrhunderts wäre demnach erfunden worden, um die unmerkliche Transformation zu denken, die die Französische Revolution beschleunigt und offenbart hat, bei deren Behandlung sich das philosophische Bestimmungsunternehmen als sehr ungeschickt erweist. Eine solche Periode des Denkens ist die, die zu Proust führt, der deren Struktur derart expliziert, dass er sie erschöpft. Was ist „Die wieder gefundene Zeit" denn anderes, als dieser letztgültige Moment, in dem man die unspürbare Transformation aller Dinge mit ihren rückblickend „unvorstellbaren" Konsequenzen ermisst – die Überraschung des „jungen Mannes von Combray", als er entdeckt, dass er ein Greis ist und es nicht weiß – oder auch „grauenhaften" Konsequenzen: die zur Princesse de Guermantes aufgestiegene Madame Verdurin? Die Transformation ist nicht wahrnehmbar, weil sie örtlich nicht isoliert und zeitlich nicht bestimmt werden kann.

Aber dass die Philosophie ein Handikap hatte, diese Transformation oder Prozesshaftigkeit zu denken, hat sie gerade in die Lage versetzt, mit Hilfe ihrer Bestimmungsarbeit das Sein und die auf seiner Kehrseite eingeschriebene Freiheit zu denken – wobei Gott beide zusammenführt.

Was demjenigen, der die Prozesshaftigkeit und folglich die Immanenz begrifflich *denken will, Widerstand leistet, ist die Tatsache, dass sie nicht in Objekten gedacht werden kann. Wodurch sich die Philosophie als eine regionale Denkfigur zu erkennen gibt, was auch immer sie sagen mag…*

Was ihr Unternehmen umso faszinierender macht. Denn sie richtet sich immer wieder auf und ist bereit, neue Herausforderungen anzunehmen, gewillt, neue Vorhaben in Angriff zu nehmen und Begriffe zu schmieden. Hegel ist hier in der Tat der Fahnenträger für alle Philosophen: Wenn die Realität unvorstellbar ist, müssen wir eben unvorstellbare Begriffe schmieden…

Auf den Wegen des Negativen

Dass die Philosophie somit ihren regionalen *Charakter entdeckt, verweist auf jenen Ausdruck, den wir von jetzt an nicht mehr vermeiden können: „global" oder „weltweit". Wie nähern Sie sich ihm von der chinesischen Heterotopie aus und wie verstehen Sie ihn vom Regionalismus der Philosophie her?*

Ich nähere mich ihm mit Hilfe eines *distinguo*. Trennen wir zunächst das Universelle von dem, was allzu oft mit ihm verwechselt wird: das Uniforme. Während das *Universelle* ein Vernunftbegriff ist und eine Notwendigkeit begründet, ist das *Uniforme* ein Begriff der Produktion und beruht einzig auf Bequemlichkeit. Es ist der Standard, das Stereotyp. Das Uni-verselle besitzt eine Spannung, man ist „dem Einen zugewandt", es drückt einen Anspruch aus; das Uniforme beseitigt dagegen jedes Streben, da es den *Unterschied* verschwinden lässt. Ich betrachte die Globalisierung als eine Gefahr – aber jede Zeit hat ihre Gefahren: dass sie weniger eine Förderung des Universellen als eine Reduzierung auf das Uniforme ist. Ich habe bereits gesagt, wie gefährlich es meiner Meinung nach ist, wenn wir das eine mit dem anderen verwechseln und so zu großen internationalen Scheindebatten verleitet werden, die in die Form einer Standardsprache, des Pidgin-Englisch, gegossen werden, das die *koiné* der künftigen Welt wäre. Aber wird man in dieser Gussform eine umfassendere Anerkennung des „Humanen" gewinnen, weil sie die ganze Welt umspannt? Aber Sie wissen ja, dass eine solche sich im Gewand des Universalismus verbreitende Uniformierung als Reaktion nur die extremsten Partikularismen und Sektierertum heraufbeschwören kann.

Einen Umweg über China zu machen und sie von der anderen Seite aus zu denken, trägt dazu bei, wieder *Abstand* zu gewinnen (und dabei nicht die Möglichkeit einer Heterogenität des Denkens zu verspielen), aber innerhalb eines *Intelligiblen* – das grundsätzlich allgemein ist. Wenn die Montage zur Herausarbeitung unterschiedlicher Intelligibilitäten führt, erklären diese sich gegenseitig. Wenn sie sich gegenseitig mustern, bringen sie gleichzeitig ihre Kohärenzen zur Geltung. Damit es zum Dialog zwischen den Kulturen kommen kann, wie man es heute predigt, muss es sowohl das *dia* – den Abstand, den Unterschied zwischen verschiedenen Positionen oder Konzeptionen – als auch den *logos* der Logik geben. Sonst besteht die Gefahr, dass unter der vorherrschenden Tautologie erneut stupide, weil geschlossene Identitäten auftauchen.

Den Unterschied erkennen bedeutet auch, neue Materie zu finden und der Intelligenz so wieder Arbeit zu verschaffen.

Und wenn man dem Denken eine neue Spannung gibt, ihm Profil verleiht, bedeutet das, der Langeweile ein Ende zu bereiten, zu der sein Konformismus es sonst verurteilen würde.

Kurz, im Zeitalter der Globalisierung und der Uniformierung der Lebens- und Arbeitsweisen müssen wir das Andere im Denken selbst wieder herstellen *– oder uns mit einer allgemeinen Erstarrung des Denkens abfinden.*

Es bedarf des Anderen und des negativen. Das Andere, das Negative, das ist im Grunde dieselbe Frage. Die Frage, die im Zentrum der Philosophie steht und sie motiviert.

Dennoch gibt sich der ganze weltweite Diskurs als ein Diskurs für den Frieden; er strebt die Ein-stimmigkeit an. Zumindest bei der Diskursordnung. Wenn auch darunter der Wirtschaftskrieg tobt, am großen Tisch der allgemeinen Verständigung stimmt man Lobreden auf die gegenseitige Hilfe und Zusammenarbeit usw. an. Ich höre hier auf, denn ich habe Angst, dass wir sonst auch noch diesem lauen Diskurs verfallen.

Wir stehen in der Tat vor einem Problem: Welchen Status sollen wir von nun an dem Negativen zuweisen? Ich fürchte, dass diese weltweite Rede vom Frieden mit ihrem Streben nach „Einstimmigkeit“ dieser Schwierigkeit ausweicht.

Dann drängt sich mir die Frage auf: Muss *man immer gegen den Krieg sein?*

Erinnern Sie sich, was Schopenhauer über *Die göttliche Komödie* sagt: Man ergötzt sich beim Lesen der Hölle, man liest das Fegefeuer noch mit Vergnügen, aber wie langweilig wird es, wenn man ins Paradies eintritt! Wenn Hegel die Notwendigkeit des Krieges für ein Volk behandelt – als Negation der Negation, durch die ein Volk seine Kohäsion verliert und seine Entfaltung zum Stillstand kommt –, kommen viele Hegelianer selbst in Verlegenheit angesichts einer These, die ihnen reaktionär zu sein scheint. Aber auch hier *weicht* man der Schwierigkeit *aus,* um ein gutes Gewissen (die schlechte Seite der Aufklärung) behalten zu können. Wir können alle das Wort „Frieden“ im Mund haben, aber wir wissen trotzdem alle, dass eine Welt im Friedenszustand unerträglich wäre.

Aber ist eine Welt im Kriegszustand erträglich? Muss man deshalb für das Negative sein, dafür kämpfen? Das Negative ist unendlich wie der Tod, und der Mensch sucht unaufhörlich seinen Weg und arbeitet dagegen an...

Das Leben wäre unerträglich ohne den Tod, der es umtreibt – dasselbe gilt für das Leben des Geistes. Bei diesen großen internationalen, transkulturellen, Gottesdienst ähnlichen Veranstaltungen (über *identity and society, cultural studies and globalization* usw.), an denen ich oft teilnehmen muss, wundert es mich immer wieder, wie leicht wir dahin gebracht werden, im Chor nach einem Positiven zu blöken, auf das wir uns hin bewegen sollen, das wir aber nicht denken können. Wir tun so, als ob wir es für eine „regulative Idee" der Vernunft hielten, die die Grenzen der Erfahrung und des Begriffs überschreitet – oder besser gesagt, wir müssen es vortäuschen: als ob dies wirklich die große Aspiration wäre, die der Menschheit neue Energie gibt.

Sie wissen, dass Sie da etwas Ungehöriges sagen.

Es gibt Denktabus.

Und nicht ausweichen, wäre…?

In der globalisierten Gesellschaft, die man uns prophezeit, würde das intellektuelle Engagement vielleicht in Folgendem bestehen: Jeden Augenblick den fruchtbaren, aktiven Gebrauch und somit die Bestimmung des Negativen vermittels der neuen sozialen und kulturellen Konfigurationen nachzuweisen, die sich ständig entwickeln.

Sie wollen sagen, dass das Negative eine Bestimmung hat?

Nehmen Sie bitte in Kauf, dass ich der Sprache ein letztes Mal Gewalt antue. Denn das Negative erscheint nicht wie ein Objekt, es ist ebenso Subjekt; es unterstützt die Determination nicht, sondern ist deren Partner. Ein engagierter Intellektueller ist derjenige, der jedes Mal die intelligente Modalität der Gewalt entdeckt, sodass das Negative dort weder ein Ventil noch eine Notlösung noch ein vorübergehender Ausweg ist – sondern an der Förderung der Gesellschaft und des Denkens teilhat.

Er ist der Dialektiker…

Aber ein Dialektiker, der immer dem Räderwerk seiner Maschinen misstraut – den Maschinen, die das Negative aufsaugen: Der es niemals völlig „aufhebt“ – es besänftigt, integriert – sondern seine Schärfe und Lebendigkeit bewahrt. Jeder weiß, dass philosophieren bedeutet, gegen etwas zu denken. Aber der Philosoph denkt nicht gegen etwas, um sich als Opponent zu profilieren, er tut es auch nicht anekdotisch oder gar nur vorübergehend: Es gibt eine innere Notwendigkeit der Philosophie, zu denken, indem man sich widersetzt. Dasselbe gilt für die Demokratie: Um sich zu entfalten, muss sie sich von innen heraus als Opposition strukturieren, und zwar immer auf eine neue Weise.

Was soll dann mit dem Konsens*geschehen – dieser ergebnislosen, aber nicht aus der Welt zu schaffenden Säkularisierung des Paradieses?*

Man muss ihn betreffend einen Dissens herstellen. So wie man ihn zum Beispiel vom chinesischen Denken her schaffen kann. *Dissens* und folglich Dissidententum, das sich bewusst als Engagement versteht. Das letzte Jahrhundert hat sein Dissidententum geltend gemacht, das sich allerdings auf den Bereich der totalitären Regime beschränkte. Wenn sein neuer Bereich die gesamte Welt umfasst, wird man an einem Dissidententum des Denkens arbeiten müssen.

Von außerhalb denken
Oder wie man bis zu den Vorentscheidungen der europäischen Vernunft zurückgeht
Vorschläge

Man weiß, dass die Philosophie in ihren Fragen verwurzelt ist und sogar regelmäßig in ihrer Tradition erstarrt. Um zu versuchen, in der Philosophie wieder neuen Spielraum zu finden, oder anders gesagt, um zu versuchen, wieder eine theoretische Initiative zu ergreifen, habe ich mich entschieden, mich von dem Geburtsland der Philosophie – Griechenland – zu entfernen und einen Umweg über China zu machen: Ein strategischer Umweg mit dem Ziel, die verborgenen Vorentscheidungen der europäischen Vernunft neu zu befragen und bis zu unserem Nicht-Gedachten zurückzugehen.

Logik des Umweges

Die Anfangsentscheidung soll also darin bestehen, durch einen Seitensprung Abstand zu schaffen, und dadurch eine Perspektivierung des Denkens zu ermöglichen. Ein solcher Umweg ist alles andere als exotisch, er ist methodisch. Man unternimmt eine solche Reise über China auch mit dem Ziel, das Griechische besser lesen zu können, was gar nicht paradox gemeint ist; denn es gibt tatsächlich in Europa, trotz der Brüche der *epistémé*, eine quasi natürliche – da ererbte – Vertrautheit mit dem griechischen Denken, mit der wir brechen müssen, um hoffen zu können, sie wirklich zu kennen – und deshalb zu entdecken – indem wir den Standpunkt der Exteriorität einnehmen.

Aber warum China?

Die Wahl hat sich ganz von selbst ergeben, denn sie ermöglichte gleichzeitig a) aus dem indo-europäischen Raum herauszukommen – es gibt eine große indo-europäische Sprache (deshalb nicht das Sanskrit); b) aus den Beziehungen von Geschichte, Einfluss und gegenseitiger Ansteckung herauszukommen (deshalb weder die arabische noch die hebräische Welt, da sie ununterbrochen mit unserer Geschichte verknüpft sind); c) schließlich, einem Denken zu begegnen, dass frühzeitig in Texten dargelegt wurde und ursprünglich ist (was beim Japanischen nicht der Fall ist). Es blieb nur noch eine Möglichkeit: China. Denn um Philosoph und nicht Anthropologe zu werden, musste ich einem klar formulierten, kommentierten Denken begegnen, das mit dem griechischen Denken verglichen werden kann.

Europa – China: Das könnte eine Alternative für das Denken sein.[1]

1 Man erinnert sich an Pascal (*Pensées*, Fragment 593):
„Welcher ist glaubwürdiger, Moses oder China?“ (Der Satz wurde später von Pascal gestrichen, was zeigt, dass sein Denken hier auf ein Hindernis stieß.) „Sie aber sagen, China verwirre“, und ich antworte: „gewiß, China verwirrt, doch gibt es Klarheit hier zu finden, suchen Sie danach“. „Folglich soll man sich das im einzelnen ansehen; man muss die Schriftstücke prüfen“.
Und an Leibniz:„...ihre Sprache und ihr Charakter, ihre Lebensart, ihre Kunstgriffe und ihre Manufakturen, selbst ihre Spiele sind so von den unseren verschieden als ob es Leute von einem anderen Globus wären, es ist unmöglich, dass eine nackte aber genaue Beschreibung dessen, was unter ihnen geschieht, uns nicht ein beachtlicheres Wissen vermittelt und von größerem Nutzen ist als die Kenntnisse der Riten und Möbel der Griechen und der Römer, mit denen so viele Gelehrte sich befassen.“ (Brief an R.P. Verjus, 18. August 1705).

Zwei Klippen müssen umfahren werden – die Klippe des „Selben“ und die Klippe des „Anderen“, sagen wir: Auf der einen Seite die Klippe des Ethnozentrismus, der darin besteht, seine Weltanschauung auf die übrige Welt zu projizieren, weil er sie als selbstverständlich betrachtet – als „Evidenz“; auf der anderen Seite, der Kehrseite (so sehr Kehrseite, dass das eine meistens nicht vom anderen zu trennen ist), die Klippe der Exotik, die darin besteht, der Faszination der Differenz zu erliegen, dem Trugbild der Distanz. Man kennt dieses Idealisierungsprinzip, das aber auf der Illusion des klassischen europäischen Theaters beruht: *major e longinquo reverentia*, die Achtung (die faszination) wächst mit der Entfernung.

Nun darf man allerdings nicht davon ausgehen, dass das in China Vorgefundene auf radikalere Weise anders wäre als in den übrigen Ländern, aber der Rahmen ist zumindest ein anderer (was Foucault im Vorwort zu *Die Ordnung der Dinge* die „Heterotopie“ nennt und der Utopie gegenüberstellt).[2] Anders gesagt, die Schwierigkeit rührt nicht so sehr von der Differenz des chinesischen Denkens zum europäischen Denken her, sondern von der traditionell zwischen ihnen herrschenden *Indifferenz*. Der erste Arbeitsschritt, der jedes Mal eine Montage erforderlich macht und der nie abgeschlossen ist, besteht also darin, sie aus dieser gegenseitigen Indifferenz herauszuholen, indem man sie einander gegenüberstellt, sodass sie sich gegenseitig ausforschen können. Vom einen zum anderen, gerade dieser Rahmenwechsel

2 *Die Ordnung der Dinge*, Vorwort, Frankfurt am Main 1971, S. 20.

gibt dann ganz von selbst zu denken. Das läuft für uns auf die Frage hinaus: Was passiert mit dem Denken, wenn man es aus der großen indo-europäischen Familie herausreißt und somit gleich von jeder Sprachverwandtschaft abschneidet, wenn man sich weder auf die Semantik stützen noch auf die Etymologie zurückgreifen kann, wenn man die syntaktischen Wirkungen unterbricht, an die sich unser Denken gewöhnt hat – in denen es sich eingerichtet hat? Was geschieht mit dem Denken, wenn man es aus unserer Geschichte (der Geschichte der „westlichen" Welt) herausholt und bei dieser Gelegenheit mit der Geschichte der Philosophie bricht, und wenn man sich nicht mehr auf die Filiation der Begriffe oder Lehren stützen kann – an die sich unser Geist anlehnt?

Gleichzeitig haben wir es in China mit einem kohärenten, klar formulierten Denken zu tun; und deshalb *gibt* dieser Rahmenwechsel *zu denken*. Denn entgegen der Behauptung der (westlichen) Geschichte der Philosophie (seit Hegel, aber, nach Merleau-Ponty, sagt es auch Deleuze immer noch, obwohl er die Hegelschen Ausdrücke umkehrt), ist China nicht auf der vor-philosophischen Stufe stehen geblieben: Es hat eigene Markierungen der Abstraktion erfunden, es hatte die verschiedensten Schulen (seit dem Altertum, und zwar im Rahmen rivalisierender Fürstentümer und nicht innerhalb von Stadtstaaten). Es ist also nicht in der Kindheit der Philosophie stecken geblieben, sondern hat andere Quellen der Intelligibilität genutzt.

Der Vorteil des Umweges – die Rückkehr

Dieser Umweg hat einen doppelten Vorteil. Zunächst den Vorteil, andere *mögliche* Kohärenzformen zu entdecken, das, was ich andere Intelligibilitäten nenne; und so zu untersuchen, bis zu welchem Punkt man das Denken seiner gewohnten Umgebung entreißen kann. Welche Intelligibilität entwickelt sich zum Beispiel, sobald dem Denken nicht das Verb „sein" zur Verfügung steht – da das klassische Chinesisch nur die Kopula „es gibt" kennt (aber natürlich ist die Tatsache, dass es nicht über dieses Verb „verfügt" kein Mangel: Es nutzt andere Quellen der Kohärenz, da China das „Wirkliche" in Begriffen von wirkender „Fähigkeit" denkt: der Ausdruck *de*). Oder welche andere Intelligibilität kann entdeckt werden, wenn das Denken sich nicht in einem Diskurs entfaltet hat, der sich von der Erzählung abgrenzt – argumentierende Rede/mythische Erzählung – da China diese Trennung *mythos/logos* nicht gekannt hat, denn es gab am Anfang seiner Zivilisation keine Fülle von Mythen und Epen.

Daher versteht man, dass sich das chinesische Denken an den großen Philosophemen *vorbei* entwickelt hat: der Seinsbegriff, die Gottesidee, das Freiheitsideal... Es hat gemäß anderer *Gewohnheiten (plis)* gedacht: Die Logik des Prozesses, die Welt als Dispositiv, das Ideal der Regulierung usw. Auch regt es uns dazu an, die *Gewohnheit (pli)* unseres Denkens abzulegen (indem wir es als das „unsere" entdecken) – anders gesagt, unser Denken zu *entfalten (déplier)*.

Dieser Umweg impliziert auch eine Rückkehr: Es handelt sich darum, von diesem Standpunkt der Exteriorität aus zu den Vorentscheidungen zurückzukehren, aus denen sich die europäische Vernunft entwickelt hat – verborgene, nicht klar formulierte Vorentscheidungen, die das europäische Denken so gründlich assimiliert hat, dass es sie als Evidenz weiterträgt, und auf denen es gedeihen konnte. Das Ziel ist es, bis zum Nicht-Gedachten des Denkens zurückzugehen, indem man vom Standpunkt der Exteriorität die Kehrseite der europäischen Vernunft erfasst. Gleichzeitig der Kontingenz seines Geistes entkommen (indem man es der Bewährungsprobe eines anderen Denkrahmens aussetzt) und das „Wir" explizieren (nicht nur das „Wir" der Ideologie, sondern auch das der Sprach- und Denkkategorien), das immer implizit in jenem „Ich" wirkt, das so stolz sagt: „Ich denke"…

Das führt uns zu dem eigentümlichen Abenteuer der europäischen Vernunft zurück. Zwar hat sie sich – sie wiederholt es oft genug – mit dem Anspruch auf Universalität konzipiert, aber man muss einmal ermessen, von welcher einzigartigen, bunt zusammen gewürfelten, gar chaotischen und überhaupt nicht notwendigen – wie sie es sich selbst vorgestellt hat - Geschichte aus dieser Universalitätsanspruch erhoben wurde (und wie sehr insbesondere der Status oder der Modus des „Universellen" sich im Laufe dieser Geschichte verändert hat: von der Universalität des *Logos* in Griechenland bis zu der Universalität der Staatsbürgerschaft des *Imperiums* in Rom, und dann die „Katholizität" der Kirche usw.).

Eine „Dekonstruktion" von außen

Man muss aber aufpassen: Dieser Weg über ein anderes Denken führt nicht zum Relativismus: Anzuerkennen, durch welche einzigartige Geschichte der Universalismus der europäischen Vernunft entstanden ist, führt keineswegs dazu, in Europa wie in China die Möglichkeiten von *universalisierenden Dispositiven* zu verkennen oder gering zu schätzen. Da diese potentiell existieren und erst durch Umgestaltung und Überschreitung entfaltet werden müssen, ist eine solche Universalität nicht gegeben. Anders gesagt, auch diese beiden Klippen müssen umfahren werden: sowohl die Klippe des *billigen Universalismus* als die des *faulen Relativismus*. Wenn ich von den Vorentscheidungen der europäischen Vernunft gesprochen habe, dann geschah das gerade, um ihre Fruchtbarkeit besser untersuchen zu können und das europäische Denken als ein erstaunliches (abwegiges?), auf jeden Fall faszinierendes Abenteuer des Denkens neu zu entdecken: nicht um den Universalitätsanspruch zu vermindern, sondern im Gegenteil, um von den besonderen Spannungen her, die ihn neu belebt haben, seine Erfordernisse gründlicher zu denken.

Das bedeutet, dass dieser Umweg über China zumindest am Anfang nicht ideologisch motiviert war (wie früher der Maoismus). Ich sagte zu Beginn, dass er eine methodische Funktion hat; oder vielmehr eine strategische. Durch ihn sollen allmählich eine Reihe von Verschiebungen vorgenommen werden – das heißt kleine Verrückungen. „Verschieben" im doppelten Sinne des Wortes: eine bestimmte Verschiebung im Verhältnis zum Normalen (unserer Denkgewohnheiten) vornehmen, indem man von einem Rahmen zum anderen wechselt – von Europa nach China und umgekehrt – was unsere Vorstellungen verrückt und das Denken wieder in Bewegung bringt; und auch in dem Sinne verschieben, wie man einen Keil wegzieht: um das wahrzunehmen, *wor-*

auf wir unser Denken unaufhörlich *stützen*, was wir aber gerade deshalb nicht denken können.

Das nenne ich eine *Dekonstruktion* von *außen*. Denn von innen (von unserer Tradition aus) durchgeführt, droht sie fehlzuschlagen: Wer versucht, sich von der Metaphysik zu distanzieren, wird allein durch diese Tatsache dazu gebracht, auf die „andere Seite" zu wechseln – die der hebräisch-biblischen Quelle (von Heidegger bis Derrida: die berühmte „nicht gedachte Schuld"). Nur China würde eine *andere* – und ebenso ursprüngliche – Quelle (als die griechisch-hebräische) darstellen.

Die Arbeit der „Verschiebung"

Da ich keine alles überragende Position einnehme, da ich von vornherein den so genannten „universellen" Kategorien misstraue, die sogleich die Einordnung der Differenz ermöglichen würden, da ich folglich die Seite nicht in zwei Spalten teilen kann, um so eine Parallele zu ziehen – auf der einen Seite China, auf der anderen Europa, *East and West* – denn „China" und „Europa" gehören eben gerade nicht auf dieselbe Seite (was ich weiter oben als ihre Heterotopie bezeichnet habe) – gehe ich am besten durch aufeinander folgende Essays vor, von dem einen oder andern Punkt aus, auf dem einen oder anderen Umweg: *lokal*. Sodass allmählich, Masche um Masche, ein Netz entsteht: Mit Hilfe dieses Geflechts von Fragestellungen, das wie ein Netz zwischen China und Europa gespannt ist und sich nach und nach verzweigt, versuche ich ihr jeweils Nicht-Gedachtes einzufangen. Das führt zu einer systematischen Arbeit der Auflösung und Neugestaltung der Kategorien, die unsere Intelligenz öffnen und das Feld des Denkbaren neu bestimmen soll.

Hier die jüngsten Essays (denn ich misstraue Verallgemeinerungen, in der jetzigen Phase kann ich nur Beispiele geben und meine „Baustelle" zeigen):

Im Bereich des Diskurses und der Sinnstrategie (vgl. *Umweg und Zugang. Strategien des Sinnes in China und Griechenland*)[3]: Indem ich der Konfrontation der Diskurse im antiken Stadtstaat, entsprechend der Konfrontation der Armeen in der geordneten Feldschlacht, das entgegensetze, was wie im Falle Chinas eine Rede sein könnte, die die Dinge *indirekt* zur Sprache bringt; ebenso wie ich dem Diskurs der Definition, der versucht, die Wahrheit so eng wie möglich einzukreisen, eine rein *hinweisende* Rede entgegensetze, die nicht versucht, ihren Gegenstand scharf zu fassen, sondern ihn aus Distanz evoziert, indem sie sich *neben* ihm einschreibt, sodass dieser Abstand ihr einen unbegrenzten Zugang ermöglicht (was ich die *allusive Distanz* nenne).

Im Bereich der „Ästhetik" (vgl. *Über das Fade, eine Eloge*)[4]: Indem ich zeige, wie das Fade in China sein Vorzeichen ändern konnte und sich als etwas Positives erweist: Das „Fade" stellt nicht das eine dem anderen gegenüber (das Salzige dem Süßen usw.), sondern liegt vor ihrer Trennung, wenn das Konkrete noch keine Möglichkeit ausschließt, da es diskret geworden ist; und dass der längste zum Genuss führende Weg sich an der Grenze des Sinnlichen auftut.

3 *Umweg und Zugang. Strategien des Sinns in China und Griechenland*, Wien 2000.
4 *Über das Fade – eine Eloge*, Berlin 1999.

Im Bereich der Moral (vgl. *Dialogue sur la morale*)[5]: Wie kann man die Moral begründen, ohne sich auf den Willen zu berufen und ohne die Freiheit als Ideal zu haben? Während es dabei durchaus die Anerkennung einer Erfahrungsgemeinschaft (das Mitleid) sowie einer Anspruchsgemeinschaft (ein Absolutes der Werte, durch welches das Unbedingte erreicht werden kann) gibt.

Im Bereich der Strategie (vgl. *Über die Wirksamkeit*)[6]: Indem ich der westlichen Modellbildung (und der Zweck-Mittel-Beziehung) das „Situationspotential" gegenüberstelle, das die chinesische Strategie aus der Beziehung von Ausgangsbedingung und deren Konsequenzen ableitet: Anstatt die Wirkung direkt anzustreben, die Wirkung indirekt – aber natürlich – aus der Ausgangssituation heraus *entstehen* lassen; oder auch indem man der Handlung, die immer lokal und momentan ist und einem Subjekt zugeschrieben werden kann (das dadurch hervortritt und folglich auffällt), das entgegenstellt, was die Chinesen als gleichzeitig globale und kontinuierliche „Transformation" des Prozesses betonen, die sich in der Dauer erstreckt, die also nicht hervortritt, sodass man erst ihre Ergebnisse bemerkt. Für die Chinesen ist das *Wirksame* überhaupt nicht spektakulär wie in unserer Kultur der Heldentaten und des Epos, sondern *diskret*.

Gegenüber der Philosophie selbst (vgl. *Der Weise hängt an keiner Idee*)[7]: Indem ich an diese theoretische Weggabelung zurückkehre – China-Griechenland –, um dort einen bestimmten

5 *Dialogue sur la morale*, Paris 1998. Erscheint als *Gespräch über die Moral*, Berlin 2003.

6 *Über die Wirksamkeit*, Berlin 1999.

7 *Der Weise hängt an keiner Idee. Das Andere der Philosophie,* München 2001.

Grund der Erfahrung und des Denkens wieder zu finden, den die Philosophie nicht erfasst hat; das heißt, von dem sie sich bei ihrer Wahrheitssuche entfernt hat und den ihr eigener Apparat dann schließlich zugedeckt hat. Der Philosophie entgeht auf diese Weise dieses zu Bekannte oder zu Gewöhnliche – kurz, dieses zu Naheliegende – das die zur theoretischen Ausarbeitung notwendige Distanz nicht zulässt: ein Immanenz*grund*, zu dem der Weise ganz „einfach“ Zugang hat, da er nicht entscheidet, was wahr und was falsch ist, sondern sich dem „so“ der Dinge öffnet.

Die Philosophie neu befragen

In meinen letzten Arbeiten habe ich diese Fäden weitergesponnen, wobei ich aber mit der Untersuchung über die Aktmalerei oder die „Zeit“ wieder stärker auf die Philosophie zurückkam.

In *De l'Essence ou du Nu*[8] habe ich versucht aufzuzeigen, welche theoretische Verbindung in Griechenland die Aktmalerei und das Schöne miteinander verknüpfte und aus der Förderung der Aktmalerei in der Kunst eine Suche nach dem Ansich und dem Wesen machte. In diesem Zusammenhang spielen der ontologische Status der Form sowie die Teil-Ganzes-Beziehung oder das Preisen des Modells (des Schönheits„kanons“) eine Rolle. Die Tatsache, dass es in der chinesischen Tradition keine Aktmalerei gibt, obwohl in der Malerei und in der Bildhauerei die Personendarstellung sehr entwickelt ist, verweist dagegen auf eine Unmöglichkeit. Die Auffassung eines energetischen und keineswegs

8 *De l'essence ou du nu*, Paris 2000.

anatomischen Körpers und der Vorrang, der der Schematisierung der Züge vor der Formentwicklung nach Modellen gegeben wird, oder auch die Aufwertung der Prägnanz gegenüber der Präsenz, haben in der chinesischen Kunst die Möglichkeit der Aktmalerei verhindert und gleichzeitig ihre Bestimmung gefestigt, eher „den Geist zu vermitteln“ als das Schöne zu *verkörpern*.

In *Du „temps“*[9] komme ich auf einen der Hauptbegriffe der Philosophie zurück: Die Zeit, deren Rätsel sie unaufhörlich erforscht, ohne sich allerdings vorstellen zu können, jemals auf diesen Begriff zu verzichten. Warum hat nun aber China keinen homogenen, abstrakten Zeitbegriff konzipiert? Weil es keinen der speziellen Zugänge benutzt hat, die er uns vorschreibt: weder den physikalischen Zugang, bei dem die Zeit dazu dient, die Bewegung des Körpers zu messen (da China die Natur nicht in Begriffen von sich bewegenden Körpern denkt, sondern in Begriffen von korrelierenden Faktoren); noch den metaphysischen Zugang, bei dem die Zeit als Gegensatz zur Ewigkeit gedacht wird (China denkt dagegen die Beständigkeit der Regulierung, die den „Weg“, *tao*, ausmacht); noch den sprachlichen Zugang: weil wir verschiedene Zeiten einander gegenübergestellt haben, indem wir Vergangenheit-Gegenwart-Zukunft konjugieren, haben wir die „Zeit“ expliziert; die chinesische Sprache konjugiert aber nicht. China denkt dagegen den (jahreszeitlichen) Moment und die Dauer (des Prozesses). Von da aus könnte man eine Phänomenologie des jahreszeitlichen Seins entwickeln, die die Philosophie vernachlässigt hat, und auch die „Opportunität“ des

9 *Du « temps », éléments d'une philosophie du vivre, Paris 2001.*

Moments und die „Verfügbarkeit“ (im Gegensatz zur Vorwegnehme) besser erfassen, die bei uns im Stadium des Infratheoretischen geblieben sind.

Denn weil die Zeit den Ablauf des Lebens überragt, können wir sie uns nur noch als Durchqueren von einem Anfang und bis zu einem Ende vorstellen und wenden uns von vorne herein ihrem Ende zu. Trotz der von den Dichtern ständig wiederholten Aufforderung: „Pflücke den Tag!“, begreifen wir immer noch nicht, was *in der Gegenwart leben* bedeuten könnte... Während China uns nahe legt, erneut Montaignes Aufforderung zu lesen: nicht in der Gegenwart leben, sondern dem „Moment gemäß“; und es fordert uns auch auf, versuchsweise die Partei der Weisheit zu ergreifen: Und wenn wir den gegebenen Moment einmal nur gemäß der Immanenz seines Auftretens auffassen würden, also anders als eine Dehnung zwischen Anfang und Ende, und ihn somit von der „Zeit“ trennen? Könnte dadurch nicht das große „existentielle“ Drama ins Wanken gebracht werden, das die (europäische) Philosophie mit soviel Nachdruck inszeniert hat – und das die Heideggersche Dekonstruktion nur noch fester verankert hat?

Einwände

Jetzt muss diese *Exoptik* noch gerechtfertigt werden, indem ich auf mögliche Einwände antworte.

Der erste Kritikpunkt wäre der Vorwurf, mich auf naive Weise der „Tradition“ zu bedienen (vgl. den Vorwurf, den man Foucault gemacht hat, alles nur unter dem Gesichtspunkt von „Brüchen“ zu betrachten): Es gebe keine „westliche“ Tradition, der Westen habe sich nicht nur ständig (geografisch) verschoben, sondern sich auch (epistemologisch) verändert. Es stimmt, wenn man die „abendländische Tradition“ von innen heraus betrachtet. Denn von innen ist man besonders empfänglich für die Spannungsformen oder gar Wirkungen der Brüche, die unaufhörlich aufeinander gefolgt sind – man weiß, dass jeder Philosoph „Nein“ zum vorangegangenen sagt. Aber was man von außen wahrnimmt ist nicht dasselbe wie das, was man von innen wahrnimmt (das ist die Lehre, die wir Lévi-Strauss verdanken). Denn von außen, wie das den Westen betrachtende China, wird man dagegen empfänglich für die Wirkungen der Kohärenz, wenn nicht gar für die unzähligen heimlichen Einverständnisse, die nichtsdestoweniger innerhalb derselben Gewohnheit *(pli)* eine so offenkundige Heterogenität zusammenhält und auf diese Weise – durch nicht analysierte Zustimmungen – eine Art *Sockel* des Denkens bilden. Wenn ich zum Beispiel auf die vorhin genannte Dreiheit Sein-Gott-Freiheit zurückkomme, die in China unbekannt und sogar unvorstellbar ist, dann enthüllt uns dieser angedeutete und durchaus nicht überschätzte Zusammenhang eine implizite Verbindung, die sich ganz zu Anfang knüpft und die wir nie völlig klären werden: Wie stützt sich das Freiheitsideal auf die Gottesidee als Exteriorität, und verlangt es die Trennung des Intelligiblen von dem auf dem Seinsbegriff gründenden Sinnlichen? Dass wir heute die Freiheit nicht in Bezug auf diese Hintergründe auffassen, darf uns aber nicht die Möglichkeitsbedingung ihres Denkens vergessen lassen.

Ein anderer Kritikpunkt betrifft die Definition der Philosophie selbst. Foucault, Deleuze haben es noch einmal wiederholt: „Philosophieren heißt anders denken“ – die Philosophie war ständig auf der Suche nach ihrer eigenen Alterität, und diese durchdringt und belebt unaufhörlich die Geschichte der Philosophie: Sophistik oder Platonismus, Ontologie/„Logologie“ usw. Und da ich beim Übersetzen diese andere Möglichkeit des Denkens, die China uns eröffnet, notwendigerweise in unseren Ausdrücken beschreibe, scheint das chinesische Denken der Reihe nach wieder die Positionen des Heraklitismus (die Logik des Werdens) oder der Sophistik (weil es ohne das „Sein“ auskommt) oder des Skeptizismus (weil es ohne die „Wahrheit“ auskommt) oder des Stoizismus (vgl. die Immanenz usw.) einzunehmen. Darauf wird man zunächst antworten können, dass dies eine notwendige Bequemlichkeit ist – die die Gegenüberstellung ermöglicht –, der man sich aber nur vorübergehend bedienen darf, denn man soll sich nicht der Illusion dieses „Als ob“ hingeben (als ob das chinesische Denken der Reihe nach heraklitisch, sophistisch, skeptisch usw. wäre, kurz, dass es nicht anders konnte, als dieselbe Partie wie wir noch einmal zu spielen). Denn man sieht genau, wo die Schwierigkeit liegt: Wie kann man die Eventualität eines anderen Sinnes aussprechen, wo wir doch zwangsläufig unsere Worte, die Worte des Selben, benutzen, um ihn auszusprechen? Zumindest sind wir gezwungen, auf diese Weise zu beginnen – da die Arbeit darin besteht, allmählich die Sprache auf die „schiefe“ Bahn zu bringen und sie im Laufe der Zeit dazu zu befähigen, etwas Anderes zu sagen – oder anders zu sagen – als sie es vorher getan hat. Anstatt die wichtigsten Begriffe der Philosophie aufzutischen, gehe ich deshalb lieber von den am Rand unseres theoretischen Diskurses aufgelesenen Ausdrücken aus, da sie verfügbarer, weniger kompromittiert und besser für diese Sinnerweiterung geeignet sind; Ich erhebe sie zum Begriff: „Fadheit“

und „Allusivität“, „Neigung“ und „Regulierung“, „Effizienz“, „Kongruenz“ usw.

Aber es bleibt die grundsätzliche Frage: Ist die Philosophie wirklich fähig, ihr „Anderes“ hervorzubringen, und bis zu welchem Punkt? Anders gesagt: Ist sie fähig, ihre *Denkgewohnheit (pli)* abzulegen? Aber ich habe in Bezug auf die „Dekonstruktion“ schon erste Antworten zu geben versucht.

Der dritte Kritikpunkt betrifft den Status der erwähnten Differenz.

Denn wenn die Montage, die ich jedes Mal aus westlichen und chinesischen Gedanken zusammensetze, den Kontrast hervorheben soll, das heißt, wenn ich sie aus ihrer Gleichgültigkeit heraushole, indem ich sie einander entgegensetze, dann darf dieser Gegensatz nur als ein Moment des Denkens verstanden werden – er ist operativ; als solcher darf er nicht als endgültig oder unveränderlich betrachtet werden (man darf aus ihm keine „Welten“ machen: chinesische Welt/westliche Welt). Sobald man über die bequemen Schematisierungen hinauskommt, wird man nämlich dahin gebracht, auf der einen Seite, wenn auch nur ansatzweise, den Aspekt der anderen Seite wieder zu finden, der sich am weitesten entwickelt hat – was keineswegs dem widerspricht, was ich gerade über die Illusion des Zusammenhangs sagte, sondern zu dessen Vervollständigung dient. Man muss nämlich an beidem festhalten. Einerseits am *Unterschied* der *Gewohnheiten (plis)* des Denkens festhalten, der als solcher radikal ist und jeden Vergleich zur Oberflächlichkeit verurteilt, zumindest wenn er unmittelbar angestellt wird. Denn ohne eine Arbeit der Neukategorisierung ist er immer mehr oder weniger eine Projektion; er kann höchstens ein Bild geben (es ist zum Beispiel etwas ganz anderes das Verb „sein" zugunsten einer Logik des Fließens auszuklammern, wie es in Griechenland die heraklitsch-protagoräische Richtung getan hat, oder außerhalb des Verbs „sein" und seiner Referenz zu denken – ohne dass es in der Sprache Platz hat und man daher nichts von der Möglichkeit dieses Verbs ahnt – wie das in China der Fall ist). Andererseits muss man *gleichzeitig* an der *Gemeinschaft des Denkbaren* festhalten, da alle diese verschiedenen Denkgewohnheiten *(plis)* ein und dasselbe Denkrelief bilden, das sie folglich verbindet und dafür sorgt, dass ein Gebiet mit dem anderen, wie Griechenland und China, kommunizieren kann, da man zwischen ihnen Verbindungswege und Brücken entdeckt. Auf beiden Seiten, in Griechenland – in China, haben wir es mit Kohärenzen zu tun, also mit *Intelligibilität.*

Beispiele: Die strategische Intelligenz, die China entwickelt hat, findet eine Entsprechung in der *mètis,* [10] deren Spur die griechischen Mythen bewahrt haben (Odysseus); umgekehrt hat die Schule der Spätmohisten am Ende des chinesischen Altertums Kategorien und Ansprüche des Denken entwickelt, die zur selben Zeit von Aristoteles in großem Maßstab entfaltet werden: Begriff der Ursache, des Teiles und des Ganzen, vom Unendlichen und vom Begrenzten usw.; oder das Interesse an der Geometrie, das Bemühen um Definitionen, das Widerspruchsprinzip usw. Das Interesse der Untersuchung besteht also darin, herauszufinden, warum die besondere Intelligibilität, die sich hier entwickelt hat, sich nicht dort entfaltet hat, obwohl ihre Möglichkeit ebenfalls erkannt worden war, oder zumindest nicht völlig unbekannt war. Mit anderen Worten, welche größere und fester

10 vgl. Marcel Detienne/Jean-Pierre Vernant, *Les ruses de l'intelligence. La mètis des Grecs.* Paris 1974

verankerte Konstellation hat sie derart gründlich verhindert, dass sie manchmal beseitigt wird: Warum konnte das griechische Theoriewerkzeug bei seiner Konstituierung die *mètis* nicht als „listenreiche Intelligenz" bewahren, die sich dem beweglichen Charakter der Umstände anpasst– selbst das Wort ist verloren? Oder, umgekehrt, warum hat der den Griechen so ähnliche mohistische Rationalismus in China nicht „Fuß gefasst" – dort weder Wurzeln geschlagen noch Konsistenz angenommen (so wie eine Pflanze oder eine Soße) – und wurde statt dessen von einer Anti-Philosophie und ihrer anti-disjunktiven Logik überdeckt, die dort die „Weisheit" entwickelte? Denn er wurde von den Chinesen selbst erst am Anfang des 20. Jahrhunderts wieder entdeckt, nach mehr als zweitausend Jahren Verschüttung, als sie von der westlichen formalen Logik erfuhren.

Was dazu führt, den herausgearbeiteten Kontrast nicht so sehr als eine Differenz der Erfahrung zu denken (und noch weniger als eine von „Natur" gegebene Differenz oder eine Differenz der „Mentalität"...), sondern als eine der *Lesbarkeit*. Jedes Begriffswerkzeug sowie jede syntaktische Möglichkeit erhellt stärker den einen Aspekt und lässt den anderen im Dunkeln, nimmt sich die eine Denkmöglichkeit heraus, begünstigt sie und lässt gleichzeitig andere ungenutzt. Es ist so fruchtbar wie seine Vorentscheidungen; nun hat aber jeder Gesichtspunkt seine eigenen Vorentscheidungen – von denen aus er denkt. So hat China den Prozesscharakter der Realität stärker ins Licht gerückt, insbesondere ihren Aspekt des Durchganges und des kontinuierlichen Überganges; Europa hat dagegen die Macht des Modells und seine Fähigkeit, das Wirkliche zu informieren, stärker in den Vordergrund gerückt (vgl. die mathematische

Modellbildung und ihre Anwendung, der die Physik ihren Erfolg verdankt).

Kategorisierungen, die dem Vorurteil vorausgehen

Lassen wir bei diesem Punkt kein Missverständnis aufkommen: Es handelt sich hier nicht darum, aus China eine Welt des Wissens zu machen – auch wenn man ein unendliches Wissen braucht: der „Umweg" nimmt kein Ende – sondern ein Werkzeug für das Denken; es handelt sich nicht um eine weitere Schublade, die man öffnen kann – was für eine große Schublade! –, sondern um die Wirkung eines Unterschiedes, den man nutzen kann. Da China die Rolle eines „Enthüllers" spielt, kann man die Unterscheidungsmerkmale des europäischen Abenteuers und seiner Philosophie besser erkennen. Jenseits von ihr, und weil die Humanwissenschaften weitgehend nur von der westlichen Erfahrung her konzipiert wurden – denn von der Linguistik bis zur Anthropologie wurde die Erfahrung der anderen Kulturen nur unter speziellen Rubriken und daher isoliert berücksichtigt – haben wir so die Gelegenheit – und sogar die Pflicht – an der *Neukategorisierung* des Denkens zu arbeiten. Im Gegenzug kommt es, wie man sich denken kann, zu einer Störung der Philosophie: Sie wird dabei nicht nur aus ihrer Ordnung gebracht und muss auf das Arsenal ihrer Begriffe und Fragen verzichten, sondern sie wird vor allem einer Befragung unterzogen, die sie aus dem Innern ihrer Geschichte heraus nicht in Betracht ziehen konnte. Und was meinen Weg über China endgültig rechtfertigt: Es gibt das, was ich befrage und das, *von dem aus* ich befrage und was ich gerade deshalb nicht befragen kann. Oder wie soll man sonst bis zu den Bedingungen seines Denkens zurückgehen? Dafür bedarf es meiner Meinung nach einer List, eines Umwegs, einer Strategie. Deshalb habe ich von Griechenland aus einen so weiten Umweg über China gemacht...

Eine „Methode“ oder „Regeln“, um „den Geist zu leiten“, wie uns die Philosophie lehrt, reichen hierbei nämlich nicht: Sie können reichen, um Vorurteile abzulegen und sogar, um die Hypothek eines „bösen Geistes“ abzutragen, aber nicht, um sich aus der Falle zu befreien, in der unser Geist gefangen ist, sobald er zu arbeiten beginnt. Anders gesagt, der kartesianische Begriff des Vorurteils scheint mir unzulänglich, um ihn aus seiner Konditionierung zu befreien: Noch vor dem „Vorurteil“ gibt es etwas, das ich das *Implizierte* nenne würde; denn die Probleme beginnen nicht erst im Urteilstadium, sondern noch früher mit der Art und Weise, in der das „Denkbare“ *ausgedrückt* werden konnte. Vor dem „Vorurteil“ gibt es also das Vor-Geordnete, das Vor-Befragte, das Vor-Kategorisierte; das richtige oder falsche Urteil selbst kommt anschließend. Descartes scheint nicht den Verdacht zu haben, dass er in einer Sprache spricht oder besser gesagt: denkt (in Latein-Französisch); er ahnt auch nicht, wie sehr sein Denken vorbereitet war (und das unter den verschiedensten Gesichtspunkten: das Ideal der Mathematik oder die Begriffe der „Idee“, der „Wahrheit“ usw. oder die subordinierende Syntax usw.).

Der „Verdacht“ ist uns erst mit Nietzsche gekommen, der uns lehrt, dass man *Philologe* sein muss, bevor man auch nur von Philosophie träumen kann; denn „eine wunderliche Familien-Ähnlichkeit“, sagt er, verbindet „das indische, griechische, deutsche Philosophieren“ und *bereitet* das Denken *vor*, sodass „anderen Möglichkeiten der Welt-Ausdeutung der Weg wie abgesperrt erscheint“ durch den Atavismus, der die Philosophen dazu verurteilt, immer von neuem noch einmal dieselbe theoretische „Kreisbahn“ zu laufen.[11] Auch wenn sie noch so sehr auf Abstraktion achten, die philosophischen Begriffe gehören dennoch „einem Systeme“ an, so wie „die sämtlichen Glieder der Fauna eines Erdteils“. Kurz gesagt, Nietzsche teilt uns mit, dass das System der Philosophie ein *Öko*system ist.

Als Foucault in Japan in einem Zen-Tempel nach der Zukunft der Philosophie gefragt wurde, und danach, welchen Beitrag das östliche Denken zu ihrer Entwicklung leisten könnte, wiederholte er bereitwillig die Behauptung, dass unsere Epoche kein großes philosophisches System hervorbringen könne; man kennt das Lied und die so oft angekündigte Sache: der „Tod“ der Philosophie. Er schlug dagegen eine „Überprüfung“ der Philosophie von der Anthropologie oder der Psychoanalyse und auch von den „Zusammenstössen“ zwischen Europa und Nicht-Europa her vor.[12] Da sich dieses „Nicht-Europa“ intellektuell als ein Gegenüber konstituiert und dazu dient, unserem Denken die Stirn zu bieten, ist, wie ich gezeigt habe, sein erster Name China. Aber welchen Gebrauch kann man sich davon erhoffen? Hüten wir uns davor zu

11 „Daß die einzelnen philosophischen Begriffe nichts Beliebiges, nichts Für-sich-Wachsendes sind, sondern in Beziehung und Verwandtschaft zueinander emporwachsen, dass sie, so plötzlich und willkürlich sie auch in der Geschichte des Denkens anscheinend heraustreten, doch ebensogut einem Systeme angehören als die sämtlichen Glieder der Fauna eines Erdteils: das verrät sich zuletzt noch darin, wie sicher die verschiedensten Philosophen ein gewisses Grundschema von *möglichen* Philosophien immer wieder ausfüllen.“ (Nietzsche, *Jenseits von Gut und Böse*, „Von den Vorurteilen der Philosophen“, § 20.)

12 „Entretien avec des bonzes“, *Dits et écrits*, Bd. III, Paris 1994, S.618-624.

erwarten, dass dieses am anderen Ende des großen Erdteils (China-Japan-Korea-Vietnam) entwickelte Denken dem Okzident das bringt, was ihm „fehlen“ würde, als ob der „Orient“ eine Mystik offenbaren könnte, die die Kehrseite unseres Rationalismus wäre und uns vor ihm retten würde (ein phantasmatischer Orient, der „Gurus“, der schlimmste). Dagegen muss man eine Arbeit leisten, „man muss die Schriftstücke prüfen“, wie Pascal sagte: Um dafür zu sorgen, dass dieses Denken von außen der (europäischen) Philosophie die Chance gibt, sich selbst zu reflektieren.

Was ideologisch auf dem Spiel steht:
Das Universelle oder das Uniforme

Ich hatte darauf geachtet, bei dieser Untersuchung von Anfang an die ideologischen Auseinandersetzungen auszuklammern, die man erwarten könnte (seit Voltaire: China als Modell oder Anti-Modell usw.). Aber bei der Arbeit zeichnet sich ab, dass ideologisch und sogar politisch etwas Neues auf dem Spiel steht. Denn im Zeitalter des „globalen“ Denkens besteht die Gefahr darin, das Universelle und das Uniforme zu verwechseln. Während das Universelle ein Vernunftbegriff ist und eine Notwendigkeit begründet, ist das Uniforme ein Produktionsbegriff, dessen einzige Rechtfertigung die Bequemlichkeit ist – die Bequemlichkeit des Standards, des Stereotyps. Das eine mit dem anderen zu verwechseln, würde zu den großen internationalen Scheindebatten führen (so wie man die „internationale Küche“ sagt), die in einer Standardsprache (in Pidgin Englisch) geführt werden, die die *koinè* der künftigen Welt wäre. Man kann feststellen, dass diese heute das chinesische Denken zum Verschwinden bringt: Denn wenn es in die globalen, ursprünglich westlichen Ausdrücke (das „Subjektive" und das „Objektive", das „Abstrakte" und das „Konkrete" usw.) transkribiert wird, kann es sich selbst nicht mehr lesen und versteht sich nicht mehr.

Schlimmer noch: Eine solche Uniformierung, die sich im Gewand des Universalismus verbreitet, aber keine wirklichen Neukategorisierungen vornimmt, wird im Gegenzug nur die extremsten Partikularismen und Sektierertum neu beleben. Diese weltweite Ideologie des lauen Konsens hat zwangsläufig seine verdrängte Seite (die „japanische Seele", *yamato damashii* usw.). Einen Umweg über China zu machen und es als ein Gegenüber zu denken geschieht auch in der Absicht, wieder *Dissens* herzustellen (der sich die Chance einer Heterogenität des Denkens nicht entgehen lässt), aber innerhalb eines *Intelligiblen* das grundsätzlich allen gemein ist: Es gibt zwar verschiedene Intelligibilitäten, aber sie erklären sich gegenseitig, indem sie sich ausforschen; Man kann also sagen, dass es darum geht, die Bedingungen für einen Dialog – den berühmten „Dialog der Kulturen" – zu schaffen. Dialog im eigentlichen Sinne des Wortes: Es bedarf gleichzeitig des *dia* der Differenz, der Positionen und der Konzeptionen, und der Logik. Sonst besteht die Gefahr, dass sich unter der herrschenden Tautologie erneut dumme – weil geschlossene – Identitäten bilden.

Dem Denken so eine *neue Spannung* zu verleihen, ist auch eine Art und Weise, der Langeweile des Denkens ein Ende zu bereiten, zu der sein Konformismus es verurteilen wird.[13]

13 Man sieht, wie wenig mich die heute sowohl in China wie in den USA so beliebte Idee einer großen Vereinigung von Orient und Okzident be-

Ich habe es zu Beginn gesagt: Ich behaupte nicht, dass China die größte Alterität darstellt; aber ich habe mich entschieden, aus der theoretischen Unbequemlichkeit heraus, der ich mich ausgesetzt habe, einen Spielraum für das Denken zu schaffen.

geistert, die in einer für das nächste Jahrtausend versprochenen Schlusssynthese der Kulturen mündet: *„In this way our homo-ecological symbiosis will finally happen, and we will truly enjoy together our global cultural togetherness"* (Kuang-Miag Wu, *On the „Logic" of Togetherness*, Brill, 1998).

Editorische Notiz

- Jean-François Lyotard, *François Jullien, une pensée de biais.* Le Monde, 4. April 1997
- *Foucault et „l'hétérotopie" chinoise,* aus; François Jullien/ Thierry Marchaisse, *Penser d'un dehors (La Chine) Entretiens d'Extreme-Occident.* Paris: Editions du Seuil. S. 16-33
- Penser d'un dehors. *Un usage philosophique de la chine. Entretien avec François Jullien,* in: Débat, Paris-Gallimard, No. 91, Sept.-oct.1996, S. 164-192
- Interview par Jean-Yves Jouannais und Laurent Quintreau, *Pour une pensée élargie,* in: Art press, Paris, No.237, Jul/ Aug.1998,S.58-62
- *Dépayser la pensée: une détour par la chine.*Propos recueillis par François Ewald et Emmanuel Oppenheim, in: Magazine littéraire, Paris, No 398, Mai 2001, S.98-103
- *„L'Asie suscite un interet croissant",* aus: Jullien/Marchaisse, s.o., S. 427-435
- *Histoire édifiante et curieuse d'un gros chantier franco-chinois,* aus: Jullien/Marchaisse,s.o., S. 479-488
- *Epilogue,* aus: Jullien/Marchaisse, s.o., S. 489-506
- *Penser d'un dehors (La Chine),* unveröffentlichtes Manuskript

Auswahl und Zusammenstellung der Texte dieses Bandes erfolgte durch den Merve Verlag. Wir danken M. François Jullien für seine freundliche Erlaubnis.

Internationaler Merve Diskurs

61 Foucault, Mikrophysik der Macht
67 Deleuze/Guattari, Rhizom
68 Deleuze/Foucault, Der Faden ist gerissen
69 Lyotard, Das Patchwork der Minderheiten
71 Cixous, Die unendliche Zirkulation des Begehrens
75 Lyotard, Intensitäten
77 Foucault, Dispositive der Macht
79 Baudrillard, Kool Killer oder Der Aufstand der Zeichen
80 Virilio, Fahren, fahren, fahren...
81 Baudrillard, Agonie des Realen
82 Irigaray, Das Geschlecht, das nicht eins ist
83 Klossowski/Foucault/Blanchot/Deleuze, Sprachen des Körpers
84 Deleuze, Ein Nietzsche-Lesebuch
90 Virilio, Geschwindigkeit und Politik
94 Cixous, Weiblichkeit in der Schrift
95 Deleuze, Kleine Schriften
99 Godard, Liebe Arbeit Kino
100 Szeemann, Museum der Obsessionen
101 W.Müller (Hg.), Geniale Dilletanten
102 Lyotard, Affirmative Ästhetik
104 Heiner Müller, Rotwelsch
105 Bonito Oliva, Im Labyrinth der Kunst
109 Foreman, Warum ich so gute Stücke schreibe
112 Baudrillard, Laßt Euch nicht verführen!
113 Barthes, Cy Twombly
114 Lotringer, New Yorker Gespräche
116 Virilio/Lotringer, Der reine Krieg
118 Fitzgerald, Der Knacks / Deleuze, Porzellan und Vulkan
121 Foucault, Von der Freundschaft
122 Cage/Charles, Für die Vögel
124 Böhringer, Begriffsfelder. Philosophie zur Kunst
126 Veyne, Aus der Geschichte
128 Kneubühler, Wegsehen
129 Lyotard, Malerei u. Phil. i. Zeitalter ihres Experimentierens
132 Virilio, Ästhetik des Verschwindens
133 Foucault, Vom Licht des Krieges
134 Taubes, Ad Carl Schmitt. Gegenstrebige Fügung
135 Borngräber (Hg.), Berliner Design-Handbuch

136 Blixa Bargeld, Stimme frißt Feuer
138 Borges/Santiago/Casares, Die Anderen (Drehbuch)
139 Deleuze, Spinoza. Praktische Philosophie
140 de Certeau, Kunst des Handelns
141 Seitter, Das politische Wissen im Nibelungenlied
142 Hosokawa, Der Walkman-Effekt
143 Luhmann, Archimedes und wir
145 Ingold, Das Buch im Buch
146 Philosophien der neuen Technologie. ars electronica (Hg.)
147 Charles, Zeitspielräume. Performance Musik Ästhetik
148 Deleuze/Foucault u.a., Pariser Gespräche. Hg. F. Ewald
149 Virilio, Die Sehmaschine
151 Böhringer, Moneten. Von der Kunst zur Philosophie
152 ars electronica (Hg.), Im Netz der Systeme
153 Deleuze, Kants kritische Philosophie
154 Seitter, Versprechen, versagen
155 Acker, Ultra light-last minute-ex+pop-literatur
157 Von d. Bürokratie zur Telekratie. Weibel, Virilio, u.a.
158 Wiener, Probleme der Künstlichen Intelligenz
159 Platz machen, Hg. A. Brandolini u."steirischer herbst"
160 Prigogine/Stengers/Pahaut/Serres, Anfänge
161 Zizek, Liebe Dein Symptom wie Dich selbst!
162 Ruhm? Eine Le Monde-Umfrage
163 Lotringer, Foreign Agent. Kunst in Zeiten der Theorie
165 Virilio, „Das irreale Monument". Der Einstein-Turm
166 Deleuze, Woran erkennt man den Strukturalismus?
167 Foucault, Was ist Kritik?
168 Bonito Oliva, Eingebildete Dialoge
169 Baudrillard, Transparenz des Bösen
170 Deleuze, Proust und die Zeichen
171 Haerle (Hg.), Karten zu „Tausend Plateaus"
172 Schickel, Gespräche mit Carl Schmitt
173 Seitter, Piero della Francesca
174 Glasmeier (Hg.), Periphere Museen
175 Zischler, Tagesreisen
176 Böhringer, Orgel und Container
177 Virilio, Revolutionen der Geschwindigkeit
178 Böhringer, Was ist Philosophie?
179 Seitter, Distante Siegfried-Paraphrasen
180 v. Foerster, KybernEthik

181 Jabès, Der vorbestimmte Weg
182 Deleuze, Bartleby oder die Formel
183 Rosset, Das Prinzip Grausamkeit
184 Baudrillard, Die Illusion des Endes
185 Baecker, Postheroisches Management
186 Charles, Musketaquid. Cage, Ives, u.a.
187 Schliemann, Reise durch China und Japan (1865)
188 Grenier, Über Indien
189 Schmidgen (Hg.), Guattari. Ästhetik und Maschinismus
190 O'Doherty, In der weißen Zelle
191 Kuhn/Zischler, You can't judge a book by its cover (CD)
192 Jarman, Chroma. Ein Buch der Farben
193 Klugheitslehre. militia contra malicia, Solitude (Hg.)
194 Jabès/Nono/Cacciari, Migranten
195 Guattari/Virilio/u.a., Takamatsu, ein Architekt aus Kyoto
196 Gilbert-Rolfe, Das Schöne und Erhabene von heute
197 Foucault, Diskurs und Wahrheit
198 Deleuze, Begehren und Lust
199 Baudrillard/Guillaume, Reise zu einem anderen Stern
200 Gracián, Der Held
201 Garland, Reise zu 100 Tempeln...
202 Derrida, Einige Statements
203 Buci-Glucksmann, Der kartographische Blick der Kunst
204 Westbam/Goetz, Mix, Cuts & Scratches
205 Rosset, Die Wahl der Worte
206 Garland, Six American Composers
208 Baecker, Poker im Osten
209 Böhringer, Auf dem Rücken Amerikas
210 Jaspers, Strindberg und van Gogh
211 Kapielski, Davor kommt noch
212 Aurel Schmidt, Von Raum zu Raum
213 Jeudy, Stadterfahrungen
214 Agamben, Bartleby oder die Kontingenz
215 Kapielski, Danach war schon
216 Onfray, Die Formen der Zeit
218 Foucault, Die Malerei von Manet
219 Jullien, Über das Fade. Eine Eloge
220 Qrt, Schlachtfelder der elektronischen Wüste
221 Virilio/Kittler/Hagen/Weibel/u.a., Mehr Licht
222 Qrt, Tekknologic Tekknowledge Tekgnosis